THE ULTIMATE ESTONIAN PHRASE BOOK

1001 ESTONIAN PHRASES FOR BEGINNERS AND BEYOND!

BY ADRIAN GEE

ISBN: 979-8-878523-07-3

Copyright © 2024 by Adrian Gee.

All rights reserved.

No part of this book may be reproduced, stored in a retrieval system, or transmitted in any form or by any means, electronic, mechanical, photocopying, recording, scanning, or otherwise, without the prior written permission of the publisher.

Author's Note

Welcome to "The Ultimate Estonian Phrase Book"! It's with great joy and anticipation that I invite you on this captivating journey into the heart of Estonian—a language known for its melodic charm and unique linguistic character. Designed to enrich your exploration, this book brings you closer to Estonia's enchanting Baltic coast, the historic charm of Tallinn, and its tranquil forests, making your Estonian language journey both delightful and meaningful.

Fueled by a deep passion for languages and cultural exploration, I've created this book to guide you through Estonian's unique structure and cultural richness. It's designed to be your reliable companion towards fluency, offering an unparalleled linguistic journey.

Connect with Me: The journey of learning a language is about more than just mastering words and grammar—it's about forging connections, understanding different ways of life, and embracing the culture behind the language. I warmly invite you to join me and our community of language enthusiasts on Instagram: @adriangruszka. It's a space where we share insights, experiences, and the joys of our language learning adventures.

Sharing is Caring: If this book becomes a key part of your Estonian language journey, I would be deeply honored by your recommendation to others who share our passion for discovering the linguistic richness of the world. If you're inspired to share your journey or celebrate milestones on Instagram, please tag me—I'm excited to celebrate each step of your progress!

Embarking on your Estonian language journey is like stepping into a world filled with history, mystery, and a warmth that's uniquely Estonian. Welcome every challenge, cherish your successes, and immerse yourself fully in the experience.

Edu soovides! (Wishing you success!)

- Adrian Gee

CONTENTS

Introduction.. 1
Greetings and Introductions.. 9
Eating and Dining.. 27
Travel and Transportation... 43
Accommodations... 61
Shopping... 75
Emergencies... 89
Everyday Conversations... 105
Business and Work.. 119
Events and Entertainment.. 133
Healthcare and Medical Needs.. 147
Family and Relationships... 161
Technology and Communication.. 173
Sports and Recreation.. 187
Transport and Directions... 201
Special Occasions... 215
Conclusion... 227

INTRODUCTION

Tere tulemast! (Welcome!)

Whether you're drawn to the tranquil beauty of Estonia's Baltic shores, planning to wander the historic streets of Tallinn, eager to connect with Estonian speakers, or simply fascinated by the Estonian language, this phrase book is crafted to be your faithful navigator.

Embarking on the Estonian language journey invites you into a world marked by its compelling history, vibrant culture, and the serene harmony that characterizes the Estonian ethos.

Miks Eesti Keel? (Why Estonian?)

With its status as one of the Finno-Ugric languages, Estonian stands out for its distinctive phonetic characteristics and intriguing structure, making it a captivating subject of study for linguists and language enthusiasts alike. Spoken by over a million people, it's not just the language of a rich historical tapestry and breathtaking landscapes, but also a vital medium for those looking to delve into the nuances of Baltic culture, or simply immerse themselves in its unique charm.

Hääldus (Pronunciation)

Before diving into the phrases and expressions that will form your bridge to understanding and being understood, it's crucial to get acquainted with the unique sounds of Estonian. Each language has its own melody, and Estonian is no exception, with its rhythmic cadence and distinctive vowel harmony. Initially, Estonian pronunciation may present a challenge, but with persistence, the clear vowels and soft consonants can enrich your speaking and enhance your connection to the Estonian world.

Estonian pronunciation is notable for its clarity and the specific stress patterns that give it a musical quality. Mastering the nuances of pronunciation not only facilitates clearer communication but also forges a deeper bond with the Estonian people and their cultural heritage.

Eesti Tähestik (The Estonian Alphabet)

The Estonian alphabet is based on the Latin script and consists of 27 letters. It includes letters that may be familiar to English speakers but also features several letters with diacritical marks unique to Estonian, which modify their pronunciation.

Vokaalid (Vowels)

A (a): Like the "a" in "father."
E (e): Similar to the "e" in "bed."
I (i): Like the "ee" in "see."
O (o): Similar to the "o" in "or," but more open.
U (u): Like the "oo" in "food."
Õ (õ): A unique Estonian sound, somewhat similar to the "e" in "bird" in some English accents, but with rounded lips.
Ä (ä): Similar to the "a" in "cat."
Ö (ö): Similar to the German "ö" or French "eu" in "peur."
Ü (ü): Similar to the German "ü" or the French "u" in "lune."

Konsonandid (Consonants)

B (b): As in English "bat."
D (d): Like the "d" in "dog."
F (f): As in English "far."
G (g): Like the "g" in "go."
H (h): Like the English "h" in "hat."
J (j): Similar to the "y" in "yes."
K (k): Like the "k" in "kite."
L (l): As in English "love."
M (m): Like the English "m" in "mother."
N (n): Like the "n" in "nice."
P (p): As in English "pen."
R (r): A rolling "r" pronounced at the front of the mouth.
S (s): Like the "s" in "see."
T (t): Like the "t" in "top."
V (v): Like the "v" in "victory."
Õ, Ä, Ö, Ü: As mentioned in the vowels section, each has a unique pronunciation that affects the sound of the words they are part of.

Note that the Estonian language uses the letters Õ, Ä, Ö, Ü, which are specific to its alphabet and contribute to the distinctiveness of the language. These letters allow for the expression of subtle nuances in pronunciation and meaning. Estonian's phonetic richness and the relative consistency of its spelling make it an engaging language for learners, offering a clear pathway from reading to speaking.

Estonian Intonation and Stress Patterns

Estonian intonation is characterized by its musical rhythm, setting it apart within the Finno-Ugric language family. Stress in Estonian usually falls on the first syllable, with vowel length and pitch playing key roles in conveying different meanings.

Common Pronunciation Challenges

Challenging Vowel Combinations

Estonian boasts a variety of vowel sounds, some of which might be unfamiliar to English speakers. Mastering these, particularly when they occur in combination, is essential. The distinction between long and short vowels in Estonian is significant, as it can change the meaning of words.

Tips for Practicing Pronunciation

1. **Kuula Tähelepanelikult (Listen Carefully):** Immersing yourself in Estonian through music, podcasts, and films is an excellent way to familiarize yourself with the language's unique rhythm and melody.

2. **Korda Pärast Emakeelset (Repeat After a Native Speaker):** Engaging with native speakers, whether face-to-face or via language exchange platforms, is invaluable for honing your pronunciation.

3. **Kasuta Peeglit (Use a Mirror):** Watching your articulation in a mirror can help ensure that your mouth and tongue are positioned correctly to produce the distinct sounds of Estonian.

4. **Harjuta Järjepidevalt (Practice Regularly):** Regular practice, even if only for a few minutes each day, is crucial for progress.

5. **Ära Karda Vigu Teha (Don't Fear Mistakes):** Embrace errors as they are a natural part of the learning journey, leading to improved understanding and skill.

Achieving clear pronunciation is vital for navigating through Estonian's unique sound landscape. Commit to learning its specific vowel sounds and the cadence of its speech, and you'll find yourself deeply connected to the language and its culture. From mastering the soft 'õ' and the rounded 'ö' to the crisp 'ä' and 'ü', each nuance captures the essence of Estonia's rich history and traditions. With dedicated practice and a keen ear for Estonian's lyrical intonations, your communication will reach beyond basic exchanges, enriching your encounters with the depth of the country's heritage.

What You'll Find Inside

- **Olulised Väljendid (Essential Phrases):** A selection of key phrases and expressions for various situations you might encounter in Estonian-speaking environments.

- **Interaktiivsed Harjutused (Interactive Exercises):** Engaging exercises designed to test and improve your language skills, promoting active Estonian use.

- **Kultuurilised Vaated (Cultural Insights):** Dive into the diverse cultural landscape of Estonia, from social traditions to historical sites.

- **Lisaresursid (Additional Resources):** Recommendations for further materials and tips to deepen your Estonian language proficiency, including websites, book suggestions, and travel advice.

How to Use This Phrase Book

This book is designed to support both beginners embarking on their Estonian language journey and intermediate learners looking to refine their skills. Start with essential phrases for everyday situations, from simple greetings to navigating Estonian social norms. As you gain confidence, explore more intricate language patterns and idiomatic expressions to bring you closer to native-level fluency.

Within these pages, you'll find cultural insights that deepen your connection with Estonia's rich history and vibrant present. Interactive exercises are integrated throughout to reinforce your learning and help you seamlessly incorporate new vocabulary and grammatical structures into your conversations.

Learning a language is an immersive experience that extends beyond memorization. Engage with Estonian through dialogues, literature, and by embracing the customs that weave the fabric of its culture.

Everyone's journey to language proficiency is unique, characterized by personal pace and achievements. Approach your study with patience, enthusiasm, and curiosity. With dedicated effort, your ability to communicate in Estonian will not just improve—it will flourish.

Valmis alustama? (Ready to start?)

Embark on a captivating exploration of Estonian language and culture. Uncover the nuances of its speech and immerse yourself in the cultural richness Estonia has to offer. This adventure is as enriching as it is transformative, expanding your horizons and deepening your global connections.

GREETINGS & INTRODUCTIONS

- BASIC GREETINGS -
- INTRODUCING YOURSELF AND OTHERS -
- EXPRESSING POLITENESS AND FORMALITY -

Basic Greetings

1. Hi!
   Tere!
   (Teh-reh!)

2. Hello!
   Tere!
   (Teh-reh!)

   > **Idiomatic Expression:** "Silmast silma."
   > Meaning: "Face to face."
   > (Literal Translation: "From eye to eye.")

3. Good morning!
   Tere hommikust!
   (Teh-reh hoh-mmi-kust!)

   > **Cultural Insight:** Estonia is known as a singing nation, with the Estonian Song Festival being a significant event that helped the country regain independence during the Singing Revolution.

4. Good afternoon!
   Tere päevast!
   (Teh-reh peh-vast!)

5. Good evening!
   Tere õhtust!
   (Teh-reh œh-tust!)

6. How are you?
   Kuidas läheb?
   (Koo-ee-dahs la-heb?)

   > **Cultural Insight:** The sauna plays an essential role in Estonian culture, serving as a place for relaxation, socializing, and even conducting business.

7. Everything good?
   Kõik korras?
   (Kœik kor-ras?)

8. How is it going?
   Kuidas sul läheb?
   (Koo-ee-dahs sool la-heb?)

9. How is everything?
   Kuidas kõik läheb?
   (Koo-ee-dahs kœik la-heb?)

10. I'm good, thank you.
    Mul on hästi, aitäh.
    (Mool on heh-stee, eye-tahh.)

11. And you?
    Ja sina?
    (Yah see-nah?)

12. Let me introduce...
    Lubage mul tutvustada...
    (Loo-bah-geh mool toot-vus-tah-dah...)

13. This is...
    See on...
    (Seh on...)

14. Nice to meet you!
    Meeldiv teiega kohtuda!
    (Meh-el-div tei-eh-gah ko-h-too-dah!)

15. Delighted!
    Rõõm tutvuda!
    (Rrõ-õm toot-voo-dah!)

16. How have you been?
    Kuidas teil läinud on?
    (Koo-ee-dahs tei-l lie-nud on?)

Politeness and Formality

17. Excuse me.
    Vabandage.
    (Vah-bahn-dah-geh.)

18. Please.
    Palun.
    (Pah-loon.)

19. Thank you.
    Aitäh.
    (Eye-täh.)

> **Fun Fact:** Estonia has one of the highest adult literacy rates in the world, nearly 100%.

20. Thank you very much!
    Suur aitäh!
    (Soor eye-täh!)

21. I'm sorry.
    Vabandan.
    (Vah-bahn-dahn.)

22. I apologize.
    Palun vabandust.
    (Pah-loon vah-bahn-doost.)

23. Sir
    Härra
    (Här-rah)

24. Madam
    Proua
    (Proo-ah)

25. Miss
    Preili
    (Prei-li)

26. Your name, please?
    Teie nimi, palun?
    (Tei-eh nee-mee, pah-loon?)

27. Can I help you with anything?
    Kas ma saan teid millegagi aidata?
    (Kas ma sahn teid mi-lle-gah-ee ai-dah-tah?)

28. I am thankful for your help.
    Ma olen tänulik teie abi eest.
    (Ma o-len tän-oo-lik tei-eh ah-bee eest.)

29. The pleasure is mine.
    Mul on samuti hea meel.
    (Mool on sah-moo-tee hea meel.)

30. Thank you for your hospitality.
    Tänan teid külalislahkuse eest.
    (Tä-nahn teid kü-la-lis-lah-ku-se eest.)

31. It's nice to see you again.
    On tore sind jälle näha.
    (On to-reh s-ind yäl-le nä-ha.)

Greetings for Different Times of Day

32. Good morning, my friend!
    Tere hommikust, mu sõber!
    (Teh-reh hom-mi-kust, moo sõ-ber!)

33. Good afternoon, colleague!
    Tere päevast, kolleeg!
    (Teh-reh peh-vast, kol-leeg!)

34. Good evening neighbor!
    Tere õhtust, naaber!
    (Teh-reh õh-tust, naa-ber!)

35. Have a good night!
    Head ööd!
    (Head ööd!)

36. Sleep well!
    Maga hästi!
    (Ma-ga hä-sti!)

Special Occasions

37. Happy birthday!
 Palju õnne sünnipäevaks!
 (Pal-yu õn-ne sün-ni-päe-vaks!)

38. Merry Christmas!
 Häid jõule!
 (Hä-id yõu-le!)

39. Happy Easter!
 Häid lihavõtteid!
 (Hä-id li-ha-võt-teid!)

> **Travel Story:** In Tallinn's Old Town, a tour guide uses the phrase "Aeg maha!" (Take it easy!) to encourage tourists to slow down and absorb the medieval atmosphere, emphasizing Estonia's value of enjoying the moment.

40. Happy holidays!
 Häid pühi!
 (Hä-id pü-hi!)

41. Happy New Year!
 Head uut aastat!
 (Head oot aas-tat!)

> **Idiomatic Expression:** "Käed rüpes."
> Meaning: "Doing nothing, being idle."
> (Literal Translation: "With hands in the lap.")

Meeting Someone for the First Time

42. Pleasure to meet you.
    Rõõm teiega kohtuda.
    (Rrõ-õm tei-eh-gah ko-h-too-dah.)

    > **Language Learning Tip:** Start with the Basics - Focus on common phrases, greetings, and essential vocabulary to build a strong foundation.

43. I am [Your Name].
    Mina olen [Sinu Nimi].
    (Mee-nah oh-len [See-nu Nee-mee].)

44. Where are you from?
    Kust te pärit olete?
    (Koost teh pä-rit oh-leh-teh?)

    > **Language Learning Tip:** Practice Daily - Consistency is key in language learning. Even a few minutes each day can make a big difference.

45. I'm on vacation.
    Ma olen puhkusel.
    (Mah oh-len poo-hkoo-sel.)

46. What is your profession?
    Mis on teie amet?
    (Mees on tei-eh ah-met?)

47. How long will you stay here?
    Kui kaua te siin viibite?
    (Koo-ee kow-ah teh seen vee-bee-teh?)

Responding to Greetings

48. Hello, how have you been?
    Tere, kuidas läinud on?
    (Teh-reh, koo-ee-dahs läi-nud on?)

> **Cultural Insight:** Tallinn's Christmas Market is one of Europe's most charming, reflecting the deep-rooted holiday traditions in Estonia.

49. I've been very busy lately.
    Viimasel ajal olen olnud väga hõivatud.
    (Vee-mah-sel ah-yal oh-len ohl-nud vä-gah hõi-vah-tood.)

50. I've had ups and downs.
    Mul on olnud tõuse ja mõõnu.
    (Mool on ohl-nud tõ-oo-seh yah mõ-õ-nu.)

> **Idiomatic Expression:** "Jalad kõhu alt välja."
> Meaning: "To work very hard."
> (Literal Translation: "Legs out from under the stomach.")

51. Thanks for asking.
    Tänan küsimast.
    (Tä-nahn kü-see-mast.)

52. I feel great.
    Ma tunnen end suurepäraselt.
    (Mah toon-nen end soo-reh-pä-rahs-elt.)

53. Life has been good.
    Elu on olnud hea.
    (Eh-loo on ohl-nud hea.)

54. I can't complain.
    Ei saa kurta.
    (Ay sah koor-tah.)

55. And you, how are you?
    Ja sina, kuidas sul läheb?
    (Yah see-nah, koo-ee-dahs sool lä-heb?)

> **Language Learning Tip:** Use Flashcards - Create or use online flashcards for vocabulary to enhance memory retention.

56. I've had some challenges.
    Mul on olnud mõningaid väljakutseid.
    (Mool on ohl-nud mõ-ning-aid väl-yah-koot-seid.)

57. Life is a journey.
    Elu on rännak.
    (Eh-loo on rän-nak.)

58. Thank God, I'm fine.
    Jumal tänatud, mul on kõik korras.
    (Yoo-mal tä-na-tood, mool on kõik kor-ras.)

Informal Greetings

59. What's up?
Mis toimub?
(Mees toi-moob?)

60. All good?
Kõik korras?
(Kõik kor-ras?)

61. Hi, everything okay?
Tere, kõik hästi?
(Teh-reh, kõik hä-sti?)

62. I'm good, and you?
Mul on hästi, ja sinul?
(Mool on hä-sti, yah see-nool?)

63. How's life?
Kuidas elu läheb?
(Koo-ee-dahs eh-loo lä-heb?)

64. Cool!
Lahe!
(Lah-heh!)

Saying Goodbye

65. Goodbye!
Head aega!
(Head ah-eh-gah!)

66. See you later!
    Näeme hiljem!
    (Nä-eh-me hil-yem!)

> **Language Learning Tip:** Listen to Estonian Music - Immersing yourself in music can help with pronunciation and intonation.

67. Bye!
    Nägemist!
    (Nä-ge-mist!)

68. Have a good day.
    Head päeva.
    (Head pä-eh-va.)

> **Language Learning Tip:** Watch Estonian Movies - Movies and TV shows offer context and cultural insights that enhance learning.

69. Have a good weekend.
    Head nädalavahetust.
    (Head nä-da-la-va-he-tust.)

70. Take care.
    Hoolitse enda eest.
    (Hoo-lit-se en-da eest.)

71. Bye, see you later.
    Nägemist, näeme hiljem.
    (Nä-ge-mist, nä-eh-me hil-yem.)

72. I need to go now.
    Ma pean nüüd minema.
    (Ma pe-an nüüd mi-ne-ma.)

73. Take care my friend!
    Hoolitse enda eest, mu sõber!
    (Hoo-lit-se en-da eest, mu sõ-ber!)

Parting Words

74. Hope to see you soon.
    Loodan sind peagi näha.
    (Loo-dan sind pe-a-gi nä-ha.)

75. Stay in touch.
    Hoia ühendust.
    (Hoi-a ü-hen-dust.)

76. I'll miss you.
    Ma igatsen sind.
    (Ma i-gat-sen sind.)

77. Be well.
    Ole tervislik.
    (Oh-le ter-vis-lik.)

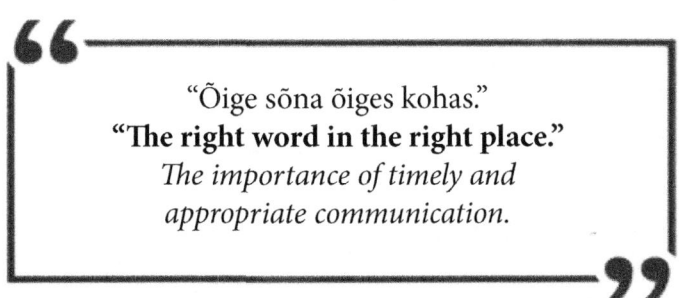

"Õige sõna õiges kohas."
"The right word in the right place."
The importance of timely and appropriate communication.

Interactive Challenge: Greetings Quiz

1. How do you say "good morning" in Estonian?

    a) Mis sa teed?
    b) Tere hommikust!
    c) Kuidas sul läheb?

2. What does the Estonian phrase "Rõõm teid näha" mean in English?

    a) Excuse me!
    b) Pleased to meet you!
    c) How are you?

3. When is it appropriate to use the phrase "Tere õhtust!" in Estonian?

    a) In the morning
    b) In the afternoon
    c) In the evening

4. Which phrase is used to ask someone how they are doing in Estonian?

    a) Aitäh
    b) Kuidas läheb?
    c) Kuhu sa lähed?

5. In Estonia, when can you use the greeting "Tere!"?

    a) Only in the morning
    b) Only in the afternoon
    c) Anytime

6. What is the Estonian equivalent of "And you?"?

    a) Ja sina?
    b) Aitäh
    c) Mis uudist?

7. When expressing gratitude in Estonian, what do you say?

    a) Vabandust
    b) Rõõm teid näha
    c) Aitäh

8. How do you say "Excuse me" in Estonian?

    a) Vabandust
    b) Tere päevast!
    c) Kõik on korras?

9. Which phrase is used to inquire about someone's well-being?

    a) Kus sa elad?
    b) Kuidas läheb?
    c) Aitäh

10. In a typical Estonian conversation, when is it common to ask about someone's background and interests during a first-time meeting?

    a) Never
    b) Only in formal situations
    c) Always

11. In Estonian, what does "Rõõm teid kohata" mean?

    a) Delighted to meet you
    b) Excuse me
    c) Thank you

12. When should you use the phrase "Kuidas läheb?"?

    a) When ordering food
    b) When asking for directions
    c) When inquiring about someone's well-being

13. Which phrase is used to make requests politely?

    a) Kuidas läheb?
    b) Mida soovite?
    c) Palun

14. What is the equivalent of "I'm sorry" in Estonian?

    a) Mul on kahju
    b) Kuidas läheb?
    c) Kõik on hästi?

Correct Answers:

1. b)
2. b)
3. c)
4. b)
5. c)
6. a)
7. c)
8. a)
9. b)
10. b)
11. a)
12. c)
13. c)
14. a)

EATING & DINING

- ORDERING FOOD AND DRINKS IN A RESTAURANT -
- DIETARY PREFERENCES AND RESTRICTIONS -
- COMPLIMENTS AND COMPLAINTS ABOUT FOOD -

Basic Ordering

78. I'd like a table for two, please.
Sooviksin lauda kahele, palun.
(Soo-viks-in lau-dah kah-he-leh, pah-lun.)

79. What's the special of the day?
Mis on päeva eripakkumine?
(Mees on pä-eh-va eh-ree-pahk-koo-mee-neh?)

> **Cultural Insight:** Jaanipäev, or St. John's Day, is celebrated with bonfires, singing, and dancing, marking the longest day of the year.

80. Can I see the menu, please?
Kas ma võin menüüd näha, palun?
(Kas mah vo-in meh-nüüd nä-ha, pah-lun?)

81. I'll have the steak, medium rare.
Ma võtan steigi, keskmiselt küpsetatud.
(Mah vo-tan stei-gi, kesk-mi-selt küp-seh-tah-tood.)

82. Can I get a glass of water?
Kas ma saan klaasi vett, palun?
(Kas mah sahn klah-see vett, pah-lun?)

> **Travel Story:** While hiking in Lahemaa National Park, a local explains "Metsa rahu" (Forest's peace), highlighting the deep connection Estonians feel with their forests and the tranquility they offer.

83. Can you bring us some bread to start?
    Kas te toote meile alguseks natuke leiba?
    (Kas teh too-teh mei-leh al-gu-seks na-tu-keh lei-bah?)

84. Do you have a vegetarian option?
    Kas teil on taimetoit?
    (Kas teil on tai-me-toit?)

> **Language Learning Tip:** Speak from Day One - Don't be afraid to start speaking Estonian, even if it's just simple phrases.

85. Is there a kids' menu available?
    Kas on lastemenüü?
    (Kas on las-te-me-nüü?)

86. We'd like to order appetizers to share.
    Soovime tellida jagamiseks eelroogasid.
    (Soo-vi-me tel-li-da ya-ga-mi-seks eel-roo-ga-sid.)

87. Can we have separate checks, please?
    Kas me võime saada eraldi arved, palun?
    (Kas meh vo-i-meh saa-dah er-al-di ar-ved, pah-lun?)

88. Could you recommend a vegetarian dish?
    Kas te oskate soovitada taimetoitu?
    (Kas teh os-ka-te soo-vi-ta-da tai-me-toi-tu?)

89. I'd like to try the local cuisine.
    Ma tahaksin proovida kohalikku kööki.
    (Mah tah-hak-sin proo-vi-da ko-ha-lik-ku köö-ki.)

90. May I have a refill on my drink, please?
    Kas ma saan oma joogi täite, palun?
    (Kas mah sahn oh-mah yoh-gee tä-i-teh, pah-lun?)

91. What's the chef's special today?
    Mis on tänase päeva eripakkumine kokalt?
    (Mees on tä-nah-se pä-eh-va eh-ree-pahk-koo-mee-neh koh-kalt?)

92. Can you make it extra spicy?
    Kas te saate selle eriti teravaks teha?
    (Kas teh sah-teh se-lleh eh-ree-tee teh-rah-vaks teh-hah?)

93. I'll have the chef's tasting menu.
    Ma võtan peakoka degustatsioonimenüü.
    (Mah võ-tan pe-ah-ko-ka deh-gus-tat-sioo-nee-me-nüü.)

Special Requests

94. I'm allergic to nuts. Is this dish nut-free?
    Ma olen pähklite suhtes allergiline. Kas see roog on pähklivaba?
    (Mah oh-len pä-hklee-teh sooht-es ah-ler-gee-li-ne. Kas seh ro-og on pä-hklee-vah-bah?)

95. I'm on a gluten-free diet. What can I have?
    Ma järgin gluteenivaba dieeti. Mida ma saan tellida?
    (Mah yär-gin gloo-teh-nee-vah-bah dee-eh-tee. Mee-dah mah sahn teh-lee-dah?)

96. Can you make it less spicy, please?
    Kas te saate selle vähem teravaks teha, palun?
    (Kas teh sah-teh se-lleh vä-hem teh-rah-vaks teh-hah, pah-lun?)

    > **Idiomatic Expression:** "Kass ümber palava pudru."
    > Meaning: "To beat around the bush."
    > (Literal translation: "The cat around hot porridge.")

97. Can you recommend a local specialty?
    Kas te saate soovitada kohalikku eripära?
    (Kas teh sah-teh soo-vi-tah-dah ko-hah-lik-koo eh-ree-pä-rah?)

98. Could I have my salad without onions?
    Kas ma saan oma salati ilma sibulata, palun?
    (Kas mah sahn oh-mah sah-lah-tee eel-mah see-boo-lah-tah, pah-lun?)

99. Are there any daily specials?
    Kas on olemas päeva eripakkumised?
    (Kas on oh-leh-mas pä-eh-va eh-ree-pahk-koo-mee-sed?)

    > **Fun Fact:** Estonian honey is highly prized for its quality.

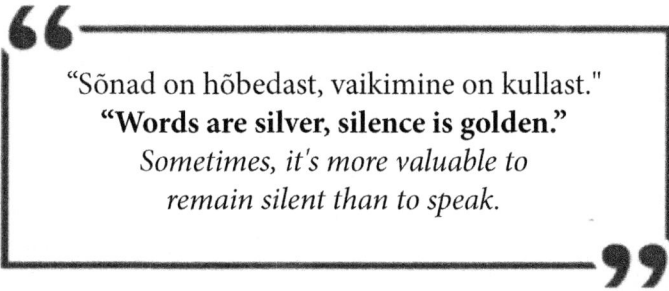

"Sõnad on hõbedast, vaikimine on kullast."
"Words are silver, silence is golden."
Sometimes, it's more valuable to remain silent than to speak.

100. Can I get a side of extra sauce?
 Kas ma saan lisakastet?
 (Kas mah sahn lee-sah-kahs-teht?)

101. I'd like a glass of red/white wine, please.
 Ma sooviksin klaasi punast/valget veini, palun.
 (Mah soo-viks-in klah-see poo-nast/vahl-get vay-nee, pah-lun.)

102. Could you bring the bill, please?
 Kas te saaksite arve tuua, palun?
 (Kas teh sahk-see-teh ar-veh too-ah, pah-lun?)

Allergies and Intolerances

103. I have a dairy allergy. Is the sauce dairy-free?
 Mul on piimaallergia. Kas kaste on piimavaba?
 (Mool on pee-mah-ah-lehr-gee-ah. Kas kahs-teh on pee-mah-vah-bah?)

104. Does this contain any seafood? I have an allergy.
 Kas selles on mereande? Mul on allergia.
 (Kas sehl-lehs on meh-reh-ahn-deh? Mool on ah-lehr-gee-ah.)

105. I can't eat anything with soy. Is that an issue?
 Ma ei saa süüa midagi sojaga. Kas see on probleem?
 (Mah ay sah sü-ü-ah mee-dah-gee soy-yah-gah. Kas seh on proh-ble-em?)

106. I'm lactose intolerant, so no dairy, please.
Ma olen laktoositalumatu, seega palun ilma piimatoodeteta.
(Mah oh-len lah-ktoh-oh-see-tah-loo-mah-too, seh-eh-gah pah-lun eel-mah pee-mah-toh-deh-teh-tah.)

107. Is there an option for those with nut allergies?
Kas on olemas variant neile, kel on pähkliallergia?
(Kas on oh-leh-mahs vah-ree-ahnt ney-leh, kel on pä-hklee-ah-lehr-gee-ah?)

108. I'm following a vegan diet. Is that possible?
Ma järgin vegan dieeti. Kas see on võimalik?
(Mah yär-gin veh-gahn dee-eh-tee. Kas seh on voh-ee-mah-lik?)

> **Fun Fact:** Estonia has a "digital nomad visa" for remote workers.

109. Is this dish suitable for someone with allergies?
Kas see roog sobib allergikutele?
(Kas seh ro-og soh-beeb ah-lehr-gee-koo-teh-leh?)

110. I'm trying to avoid dairy. Any dairy-free options?
Ma üritan vältida piimatooteid. Kas on piimavabu võimalusi?
(Mah ü-ree-tahn väl-tee-dah pee-mah-toh-teid. Kas on pee-mah-vah-boo voh-ee-mah-loo-see?)

111. I have a shellfish allergy. Is it safe to order seafood?
Mul on koorikloomade allergia. Kas on ohutu mereande tellida?
(Mool on koh-ree-kloo-mah-deh ah-lehr-gee-ah. Kas on oh-hoo-too meh-reh-ahn-deh teh-lee-dah?)

112. Can you make this gluten-free?
Kas te saate selle gluteenivabaks teha?
(Kas teh sah-teh se-lleh gloo-teh-nee-vah-baks teh-hah?)

> **Language Learning Tip:** Use Language Learning Apps - Apps like Duolingo, Babbel, or Memrise offer structured lessons in Estonian.

Specific Dietary Requests

113. I prefer my food without cilantro.
Eelistan oma toitu ilma koriandrita.
(Eh-lis-tan oh-mah toi-too eel-mah koh-ree-ahn-dree-tah.)

114. Could I have the dressing on the side?
Kas ma saan kastme eraldi?
(Kas mah sahn kahst-meh eh-ral-dee?)

115. Can you make it vegan-friendly?
Kas te saate selle veganitele sobivaks teha?
(Kas teh sah-teh se-lleh veh-gah-nee-teh-le soh-bee-vaks teh-hah?)

116. I'd like extra vegetables with my main course.
Sooviksin oma pearoa juurde lisaköögivilju.
(Soo-viks-in oh-mah peh-ah-ro-ah yoor-deh lee-sah-köö-gee-vil-yoo.)

117. Is this suitable for someone on a keto diet?
Kas see sobib ketogeense dieediga inimesele?
(Kas seh soh-beeb keh-toh-gehn-seh dee-eh-dee-gah ee-nee-meh-seh-leh?)

118. I prefer my food with less oil, please.
Eelistan oma toitu vähem õliga, palun.
(Eh-lis-tan oh-mah toi-too vä-hem õ-lee-gah, pah-lun.)

119. Is this dish suitable for vegetarians?
Kas see roog sobib taimetoitlastele?
(Kas seh ro-og soh-beeb tai-meh-toit-lahs-teh-leh?)

120. I'm on a low-carb diet. What would you recommend?
Ma järgin madala süsivesikusisaldusega dieeti. Mida soovitate?
(Mah yär-gin mah-dah-lah sü-si-ve-si-ku-si-sal-doo-seh-gah dee-eh-tee. Mee-dah soo-vi-tah-teh?)

> **Fun Fact:** Estonia is part of the Schengen Area, allowing passport-free travel across many European countries.

121. Is the bread here gluten-free?
Kas siin olev leib on gluteenivaba?
(Kas seen oh-lev layb on gloo-teh-nee-vah-bah?)

122. I'm watching my sugar intake. Any sugar-free desserts?
Jälgin oma suhkru tarbimist. Kas on olemas suhkruvabu magustoite?
(Yäl-gin oh-mah soohk-roo tar-bee-mist. Kas on oh-leh-mas soohk-roo-vah-boo mah-gus-toi-teh?)

> **Travel Story:** At a traditional Estonian sauna in Võrumaa, visitors are greeted with "Tere tulemast leiliruumi!" (Welcome to the steam room!), teaching them about the importance of the sauna in Estonian culture for health and socializing.

Compliments

123. This meal is delicious!
 See toit on väga maitsev!
 (Seh toit on vä-gah mai-tsev!)

 > **Fun Fact:** The Estonian language belongs to the Finno-Ugric family, closely related to Finnish and distantly to Hungarian.

124. The flavors in this dish are amazing.
 Selle roa maitsed on hämmastavad.
 (Se-lleh ro-ah mai-tsed on häm-mas-ta-vad.)

125. I love the presentation of the food.
 Mulle meeldib toidu esitlus.
 (Mool-leh meel-dib toi-du e-sit-lus.)

126. This dessert is outstanding!
 See magustoit on suurepärane!
 (Seh ma-gus-toit on soo-re-pä-ra-ne!)

127. The service here is exceptional.
 Teenindus siin on erakordne.
 (Tee-nin-dus seen on eh-ra-kord-ne.)

 > **Language Learning Tip:** Join Language Exchange Communities - Platforms like Tandem or HelloTalk allow you to practice with native speakers.

128. The chef deserves praise for this dish.
 Kokk väärib selle roa eest kiitust.
 (Kokk vää-rib se-lleh ro-ah eest kii-tust.)

129. I'm impressed by the quality of the ingredients.
Ma olen vaimustatud koostisosade kvaliteedist.
(Mah oh-len vai-mus-ta-tud koos-ti-so-sa-deh kva-li-teed-ist.)

130. The atmosphere in this restaurant is wonderful.
Selle restorani õhkkond on imeline.
(Se-lleh res-to-ra-ni õhk-kond on ee-meh-li-ne.)

131. Everything we ordered was perfect.
Kõik, mida me tellisime, oli täiuslik.
(Koik, mee-dah meh tel-li-si-me, oh-lee tai-us-lik.)

Complaints

132. The food is cold. Can you reheat it?
Toit on külm. Kas te saate seda soojendada?
(Toit on külm. Kas teh sah-teh se-dah soo-jen-da-da?)

> **Fun Fact:** Estonia has participated in the Eurovision Song Contest since 1994.

133. This dish is too spicy for me.
See roog on minu jaoks liiga vürtsikas.
(Seh ro-og on mee-nu yah-oks lee-gah vür-tsi-kas.)

134. The portion size is quite small.
Portsioni suurus on üsna väike.
(Por-tsi-o-ni soo-rus on üs-na väi-ke.)

135. There's a hair in my food.
 Mu toidus on juuksekarv.
 (Moo toi-doos on yuu-kse-karv.)

136. I'm not satisfied with the service.
 Ma ei ole teenindusega rahul.
 (Mah ay oh-leh teen-in-doo-seh-gah rah-ool.)

137. The soup is lukewarm.
 Supp on leige.
 (Soopp on lay-geh.)

138. The sauce on this dish is too salty.
 Selle roa kaste on liiga soolane.
 (Se-lleh ro-ah kahs-teh on lee-gah soh-lah-neh.)

> **Idiomatic Expression:** "Nagu kala vees."
> Meaning: "Feeling very comfortable in a situation."
> (Literal translation: "Like a fish in water.")

139. The dessert was a bit disappointing.
 Magustoit oli natuke pettumust valmistav.
 (Mah-gus-toit oh-lee nah-too-keh peh-toom-oost vahl-mis-tahv.)

140. I ordered this dish, but you brought me something else.
 Ma tellisin selle roa, aga te tõite mulle midagi muud.
 (Mah teh-llee-sin se-lleh ro-ah, ah-gah teh tõ-ee-teh mool-leh mee-dah-gee mood.)

141. The food took a long time to arrive.
 Toidu saabumine võttis kaua aega.
 (Toi-doo sah-boo-mee-neh võt-tis kow-ah ay-gah.)

Specific Dish Feedback

142. The steak is overcooked.
 Steik on üleküpsetatud.
 (Stayk on ü-leh-küp-seh-tah-tood.)

    Fun Fact: Estonia's unique "white nights" occur in summer, where the night is almost as bright as the day.

143. This pasta is undercooked.
 See pasta on alaküpsetatud.
 (Seh pah-stah on ah-lah-küp-seh-tah-tood.)

144. The fish tastes off. Is it fresh?
 Kala maitseb imelikult. Kas see on värske?
 (Kah-lah mai-tseb ee-meh-lee-koolt. Kas seh on vär-skeh?)

145. The salad dressing is too sweet.
 Salatikaste on liiga magus.
 (Sah-lah-tee-kahs-teh on lee-gah mah-goos.)

146. The rice is underseasoned.
 Riis on maitsestamata.
 (Ree-s on mai-steh-stah-mah-tah.)

    Language Learning Tip: Keep a Learning Journal - Documenting your progress can boost motivation and help track improvement.

147. The dessert lacks flavor.
 Magustoidul puudub maitse.
 (Mah-gus-toi-dool poo-dub mai-tseh.)

148. The vegetables are overcooked.
 Köögiviljad on üleküpsetatud.
 (Köö-gi-vil-jad on ü-leh-küp-seh-tah-tood.)

149. The pizza crust is burnt.
 Pizza põhi on kõrbenud.
 (Peet-sah põ-hi on kõr-beh-nud.)

> **Travel Story:** During the Song and Dance Festival in Tallinn, an attendee describes the unity felt during the event as "Üheskoos on jõud" (Together there is strength), illustrating the festival's role in preserving Estonian identity and language.

150. The burger is dry.
 Burger on kuiv.
 (Boor-ger on koo-iv.)

151. The fries are too greasy.
 Friikartulid on liiga rasvased.
 (Free-kar-too-lid on lee-gah ras-vah-sed.)

152. The soup is too watery.
 Supp on liiga vesine.
 (Soopp on lee-gah veh-see-neh.)

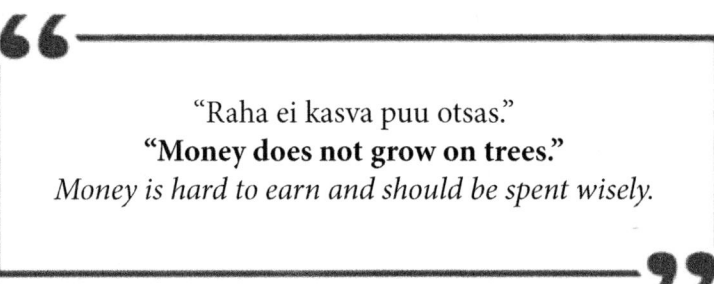

"Raha ei kasva puu otsas."
"Money does not grow on trees."
Money is hard to earn and should be spent wisely.

Word Search Puzzle: Eating & Dining

RESTAURANT
RESTORAN
MENU
MENÜÜ
APPETIZER
EELROOG
VEGETARIAN
TAIMETOITLANE
ALLERGY
ALLERGIA
VEGAN
VEGAAN
SPECIAL
ERIPAKKUMINE
DESSERT
MAGUSTOIT
SERVICE
TEENINDUS
CHEF
KOKK
INGREDIENTS
KOOSTISOSAD
ATMOSPHERE
ÕHKKOND
PERFECT
TÄIUSLIK

```
W B Ö K J O Y V S K W T T T T
D J H X D A E S S E R Y E V W
T A K F D G D P V E R E E G E
K C K A A K H P S B K V N O D
A G O N L T W S D J N U I M Q
Ü Ü N E M L E N I A I R N C S
L S D D D D E L I M W E D U E
L H X I N W Y R G N C S U T Y
N A A G E V A P G A C T S E O
S I I R A T W G S Y M O Z E S
V T M C E T P L K L N R H S E
P V N G E S M Z J Z R A M Z N
Q D E E I P T O D Q E N W K I
R V U I I P S A S R K P E H M
P E B T E D A P U P E S D D U
W I Z S M E E E S R H I B A K
L N G I E N Q R F C A E F L K
K K O K T J D E G X C N R L A
M Y C D N E C N T N P P T E P
Z J U Z K T P D V L I B H R I
J W L A J U V P E Y C I K G R
Z Y T C V A I F A Z R M G I E
C Y H Z K I L S U I Ä T O A P
L E N M A G U S T O I T O B W
F K O O S T I S O S A D R T N
L P K C C G I E B V U R L M C
T A I M E T O I T L A N E U G
G X X D A Z H W Y X U N E T Y
I F C N H Q W N A P U T B Q N
Y Y J V M X A L N B D U N U J
```

Correct Answers:

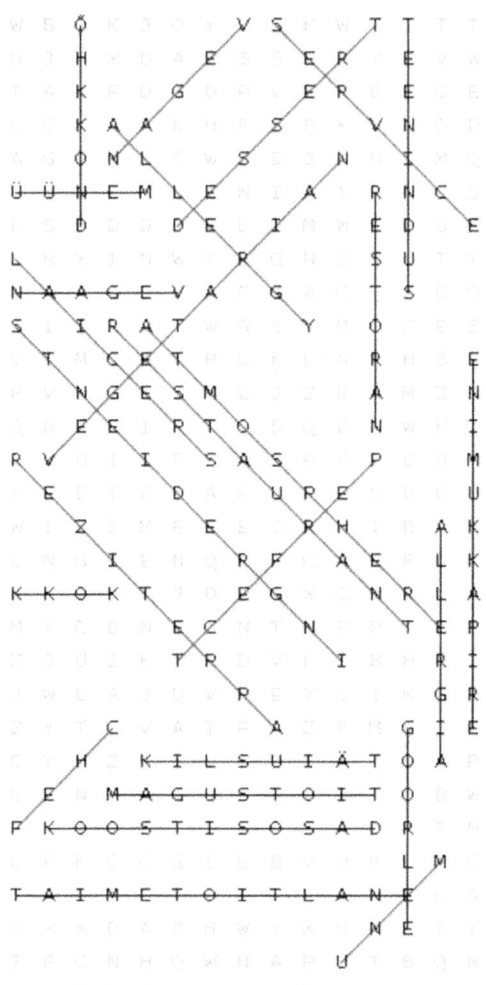

TRAVEL & TRANSPORTATION

- ASKING FOR DIRECTIONS -
- BUYING TICKETS FOR TRANSPORTATION -
- INQUIRING ABOUT TRAVEL-RELATED INFORMATION -

Directions

153. How do I get to the nearest bus stop?
Kuidas ma saan lähimasse bussipeatusesse?
(Koo-ee-dahs mah sahn lä-hee-mah-sse boos-see-peh-ah-too-seh-sse?)

> **Fun Fact:** Estonian has words that are almost impossible to translate directly, like "jäääär" (the edge of the ice).

154. Can you show me the way to the train station?
Kas saate näidata mulle teed rongijaama?
(Kas sah-teh nä-ee-dah-tah mool-leh teed rong-ee-yah-mah?)

155. Is there a map of the city center?
Kas on olemas kaart linna keskusest?
(Kas on oh-leh-mas kaart leen-nah keh-skoo-sehst?)

156. Which street leads to the airport?
Milline tänav viib lennujaama?
(Meel-lee-neh täh-nav veeb leh-noo-yah-mah?)

157. Where is the nearest taxi stand?
Kus on lähim taksopeatus?
(Koos on lä-heem tak-soh-peh-ah-toos?)

> **Travel Story:** On the island of Saaremaa, a storyteller at Kuressaare Castle shares ancient legends, using the expression "Iga legend on tõe tera" (Every legend has a grain of truth), to mystify listeners with Estonia's rich folklore.

158. How can I find the hotel from here?
 Kuidas ma leian siit hotelli?
 (Koo-ee-dahs mah lay-an seet ho-teh-lee?)

> **Fun Fact:** Estonians celebrate their version of Valentine's Day, called "Friend's Day," to honor friendship.

159. What's the quickest route to the museum?
 Mis on kiireim tee muuseumi?
 (Mees on kee-reh-eem teh moo-seh-mee?)

160. Is there a pedestrian path to the beach?
 Kas on jalakäijate tee randa?
 (Kas on yah-lah-kä-yah-teh teh rahn-dah?)

161. Can you point me towards the city square?
 Kas saate suunata mind linnaväljakule?
 (Kas sah-teh soo-nah-tah meend leen-nah-väl-yah-koo-leh?)

> **Idiomatic Expression:** "Nagu tuldud, nii mindud."
> Meaning: "Leaving as quickly as one arrived."
> (Literal translation: "As came, so went.")

162. How do I find the trailhead for the hiking trail?
 Kuidas ma leian matkaraja alguspunkti?
 (Koo-ee-dahs mah lay-an maht-kah-rah-yah ahlg-oos-poonk-tee?)

> **Fun Fact:** Estonia has a unique tradition of "swing holidays," where large village swings play a central role.

Ticket Purchase

163. How much is a one-way ticket to downtown?
Kui palju maksab ühesuunaline pilet kesklinna?
(Koo-ee pahl-yoo maks-ab ü-heh-soo-nah-lee-neh pee-let kesk-leen-nah?)

164. Are there any discounts for students?
Kas on soodustusi õpilastele?
(Kas on soo-dus-too-see õ-pee-lahs-teh-leh?)

> **Language Learning Tip:** Set Realistic Goals - Break your learning into manageable goals to maintain focus and motivation.

165. What's the price of a monthly bus pass?
Mis on kuu bussipassi hind?
(Mees on koo-oo boos-see-pahs-see heend?)

166. Can I buy a metro ticket for a week?
Kas ma saan osta nädalase metroopileti?
(Kas mah sahn os-tah nä-dah-lah-seh meh-troh-pee-leh-tee?)

167. How do I get a refund for a canceled flight?
Kuidas saan tühistatud lennu eest raha tagasi?
(Koo-ee-dahs sahn tü-his-tah-tood leh-noo eest rah-hah tah-gah-see?)

> **Fun Fact:** Estonian is one of the few languages in the world to have three degrees of phoneme length (short, long, overlong).

168. Is it cheaper to purchase tickets online or at the station?
Kas on odavam osta piletid internetist või jaamast?
(Kas on oh-dah-vahm os-tah pee-leh-teed in-tehr-neh-teest voi yah-mahst?)

169. Can I upgrade my bus ticket to first class?
Kas ma saan oma bussipileti esimesse klassi üle viia?
(Kas mah sahn oh-mah boos-see-pee-leh-tee eh-see-meh-seh klah-see ü-leh vee-ah?)

170. Are there any promotions for weekend train travel?
Kas on nädalavahetuse rongisõiduks sooduspakkumisi?
(Kas on nä-dah-lah-veh-too-seh rohn-gee-sõi-dooks soo-dus-pah-koo-mee-see?)

171. Is there a night bus to the city center?
Kas on ööbuss kesklinna?
(Kas on öö-booss kesk-leen-nah?)

> **Idiomatic Expression:** "Tegija mees."
> Meaning: "A man who gets things done."
> (Literal translation: "A doer man.")

172. What's the cost of a one-day tram pass?
Kui palju maksab ühepäevane trammi pilet?
(Koo-ee pahl-yoo maks-ab ü-heh-päe-vah-neh trahm-mee pee-let?)

> **Fun Fact:** Johan Pitka, an Estonian admiral, was instrumental in the country's fight for independence.

Travel Info

173. What's the weather forecast for tomorrow?
 Mis on homme ilmateade?
 (Mees on hom-meh eel-mah-teh-ah-deh?)

174. Are there any guided tours of the historical sites?
 Kas on olemas giidiga ekskursioonid ajaloolistel paikadel?
 (Kas on oh-leh-mas gee-dee-gah eks-kur-see-oon-eed ah-yah-loh-lees-tehl pai-kah-del?)

175. Can you recommend a good local restaurant for dinner?
 Kas saate soovitada head kohalikku restorani õhtusöögiks?
 (Kas sah-teh soo-vi-tah-dah head ko-hah-lik-koo res-toh-ra-nee õh-too-söö-giks?)

176. How do I get to the famous landmarks in town?
 Kuidas ma saan linna kuulsate vaatamisväärsusteni jõuda?
 (Koo-ee-dahs mah sahn leen-nah kool-sah-teh vah-tah-mees-vää-rus-teh-nee jõ-oo-dah?)

177. Is there a visitor center at the airport?
 Kas lennujaamas on külastuskeskus?
 (Kas len-noo-yah-mahs on kü-lahs-tus-kes-koos?)

178. What's the policy for bringing pets on the train?
 Mis on lemmikloomade rongiga kaasavõtmise poliitika?
 (Mees on leh-mmik-loo-mah-deh ron-gee-gah kah-ah-sah-võt-mee-seh po-lee-tee-kah?)

179. Are there any discounts for disabled travelers?
Kas on soodustusi puuetega reisijatele?
(Kas on soo-dus-too-see poo-eh-teh-gah ray-see-yah-teh-leh?)

> **Idiomatic Expression:** "Tühjast tüli tõstma."
> Meaning: "To make a mountain out of a molehill."
> (Literal translation: "To raise trouble out of nothing.")

180. Can you provide information about local festivals?
Kas te saate anda teavet kohalike festivalide kohta?
(Kas teh sah-teh ahn-dah teh-ah-vet ko-hah-lee-keh fes-ti-vah-lee-deh koh-tah?)

181. Is there Wi-Fi available on long bus journeys?
Kas pikematel bussisõitudel on Wi-Fi saadaval?
(Kas pee-keh-mah-tel boos-see-sõi-too-del on Wi-Fi sah-ah-dah-val?)

> **Fun Fact:** Estonia has a rich tradition of wooden architecture.

182. Where can I rent a bicycle for exploring the city?
Kust ma saan linnauurimiseks jalgratta rentida?
(Koost mah sahn leen-nah-oo-ree-mee-seks yahl-grah-tah ren-tee-dah?)

> **Travel Story:** In Tartu, at the university, a professor explains "Teadus on valgus" (Science is light), discussing the city's long history of enlightenment and contribution to education and science.

Getting Around by Public Transportation

183. Which bus should I take to reach the city center?
Millist bussi peaksin kesklinna jõudmiseks võtma?
(Mil-list boos-see peak-sin kesk-lin-nah yõud-mee-seks võt-mah?)

184. Can I buy a day pass for unlimited rides?
Kas ma saan osta päevapileti piiramatute sõitude jaoks?
(Kas mah sahn os-tah päe-va-pi-lee-tee pee-rah-mah-too-teh sõi-too-deh yah-oks?)

185. Is there a metro station within walking distance?
Kas lähedal on metroojaam?
(Kas lä-he-dal on meh-troh-yahm?)

186. How do I transfer between different bus lines?
Kuidas toimub ümberistumine erinevate bussiliinide vahel?
(Koo-ee-das toi-mub üm-ber-ist-oo-mee-neh eh-ree-ne-vah-teh boo-see-lee-nee-deh vah-el?)

187. Are there any discounts for senior citizens?
Kas on soodustusi seenioridele?
(Kas on soo-dus-too-see seen-ee-or-ee-deh-leh?)

188. What's the last bus/train for the night?
Mis on viimane buss/rong ööks?
(Mees on vee-mah-neh boos/rohng ööks?)

189. Are there any express buses to [destination]?
Kas on ekspressbusse [sihtkohta]?
(Kas on eks-press-boos-seh [siht-koht-tah]?)

> "Kadedus on kompliment."
> **"Envy is a compliment."**
> *When others envy you, it's a sign you have something they desire.*

190. Do trams run on weekends as well?
     Kas trammid sõidavad ka nädalavahetustel?
     (Kas tram-mid sõi-da-vad kah nä-da-la-vah-e-tus-tel?)

     Fun Fact: Estonia has over 2,000 islands.

191. Can you recommend a reliable taxi service?
     Kas saate soovitada usaldusväärset taksoteenust?
     (Kas sah-teh soo-vi-tah-dah oo-sal-doos-vär-set tak-so-teen-oost?)

192. What's the fare for a one-way ticket to the suburbs?
     Mis on ühesuuna pileti hind eeslinnadesse?
     (Mees on ü-heh-soo-nah pi-lee-tee heend ees-lin-nah-des-seh?)

     Travel Story: At a café in Pärnu, a local describes their favorite pastry with "See on nagu paitus hingele" (It's like a caress to the soul), showcasing the Estonian love for simple, comforting foods.

Navigating the Airport

193. Where can I locate the baggage claim area?
Kus asub pagasi väljastusala?
(Koos ah-soob pah-gah-see väl-yahs-too-sah-lah?)

194. Is there a currency exchange counter in the terminal?
Kas terminalis on valuutavahetuspunkt?
(Kas ter-mee-nah-lees on vah-loo-tah-vah-heh-too-spunk-t?)

> **Idiomatic Expression:** "Oma silm on kuningas."
> Meaning: "Seeing is believing."
> (Literal translation: "One's own eye is the king.")

195. Are there any pet relief areas for service animals?
Kas on teenindusloomadele mõeldud leevendusalad?
(Kas on tee-nin-dus-loo-mah-deh-leh mõl-dood lee-vehn-doo-sah-lad?)

196. How early can I go through security?
Kui vara ma saan turvakontrollist läbi minna?
(Koo-ee vah-rah mah sahn toor-vah-kon-trol-leest lä-bee meen-nah?)

197. What's the procedure for boarding the aircraft?
Mis on lennukile mineku protseduur?
(Mees on len-nu-ki-leh mee-ne-koo pro-tseh-doo-er?)

198. Can I use mobile boarding passes?
Kas ma saan kasutada mobiilseid pardakaarte?
(Kas mah sahn kah-soo-tah-dah mo-beel-seid par-dah-kar-teh?)

199. Are there any restaurants past security?
Kas turvakontrolli järel on restorane?
(Kas toor-vah-kon-trol-lee yä-rel on res-to-ra-neh?)

200. What's the airport's Wi-Fi password?
Mis on lennujaama Wi-Fi parool?
(Mees on len-nu-yah-mah Wi-Fi pah-rool?)

201. Can I bring duty-free items on board?
Kas ma saan tuua pardale maksuvabu kaupu?
(Kas mah sahn too-ah par-dah-leh maks-oo-vah-boo kow-poo?)

202. Is there a pharmacy at the airport?
Kas lennujaamas on apteek?
(Kas len-nu-yah-mahs on ap-teek?)

Traveling by Car

203. How do I pay tolls on the highway?
Kuidas ma saan maanteemakse tasuda?
(Koo-ee-das mah sahn mahn-thee-maks-eh tah-soo-dah?)

204. Where can I find a car wash nearby?
Kust ma leian lähedal autopesula?
(Koost mah lay-an lä-he-dal ow-toh-pe-soo-lah?)

205. Are there electric vehicle charging stations?
Kas on elektriautode laadimisjaamad?
(Kas on eh-lek-tree-ow-toh-deh laa-dee-mees-yah-mad?)

206. Can I rent a GPS navigation system with the car?
Kas ma saan autoga rentida GPS-navigatsiooni?
(Kas mah sahn ow-toh-gah ren-tee-dah GPS-nah-vi-gat-see-oh-nee?)

207. What's the cost of parking in the city center?
Palju maksab parkimine kesklinnas?
(Pahl-yoo maks-ab par-kee-mee-neh kesk-leen-nahs?)

208. Do I need an international driving permit?
Kas mul on vaja rahvusvahelist juhiluba?
(Kas mool on vah-yah rahv-oos-vah-he-list yoo-hee-loo-bah?)

209. Is roadside assistance available?
Kas teeäärne abi on saadaval?
(Kas tee-är-neh ah-bee on sah-ah-dah-val?)

210. Are there any traffic cameras on this route?
Kas sellel marsruudil on liikluskaamerad?
(Kas se-lel mar-sroo-dil on lee-klus-kaa-me-rad?)

211. Can you recommend a reliable mechanic?
Kas saate soovitada usaldusväärset mehaanikut?
(Kas sah-teh soo-vi-tah-dah oo-sal-doos-vär-set meh-haa-nee-koot?)

212. What's the speed limit in residential areas?
Mis on kiiruspiirang elurajoonides?
(Mees on kee-roos-pee-rang eh-loo-rah-yoo-nee-des?)

Airport Transfers and Shuttles

213. Where is the taxi stand located at the airport?
 Kus asub lennujaamas taksopark?
 (Koos ah-soob len-noo-yah-mahs tak-soh-park?)

214. Do airport shuttles run 24/7?
 Kas lennujaama transfeerid töötavad ööpäevaringselt?
 (Kas len-noo-yah-mah trans-feer-eed töö-tah-vad öö-päe-var-ring-selt?)

> **Idiomatic Expression:** "Kõrvad pea alla panema."
> Meaning: "To go to sleep (especially used for children)."
> (Literal translation: "To put one's ears under the head.")

215. How long does it take to reach downtown by taxi?
 Kui kaua võtab kesklinna jõudmine taksoga aega?
 (Koo-ee kow-ah võ-tab kesk-leen-nah jõud-mee-neh tak-soh-gah ay-gah?)

216. Is there a designated pick-up area for ride-sharing services?
 Kas on määratud pealevõtmisala sõidujagamisteenustele?
 (Kas on mä-rah-tood peh-ah-le-võt-mee-sah-lah sõi-doo-yah-gah-mees-teen-oos-teh-leh?)

217. Can I book a shuttle in advance?
 Kas ma saan transfeeri ette broneerida?
 (Kas mah sahn trans-fear-ee et-teh bro-nee-ree-dah?)

> **Fun Fact:** Skype was co-developed by an Estonian team.

218. Do hotels offer free shuttle service to the airport?
Kas hotellid pakuvad tasuta transfeerteenust lennujaama?
(Kas ho-tel-lid pah-koov-ad tah-soo-tah trans-feer-teen-oost len-noo-yah-mah?)

219. What's the rate for a private airport transfer?
Mis on eratransfeeri hind lennujaama?
(Mees on eh-rah-trans-feer-ee heend len-noo-yah-mah?)

220. Are there any public buses connecting to the airport?
Kas on ühistransport, mis ühendab lennujaamaga?
(Kas on ü-hees-trahns-port, mis ü-hen-dab len-noo-yah-mah-gah?)

221. Can you recommend a reliable limousine service?
Kas saate soovitada usaldusväärset limusiiniteenust?
(Kas sah-teh soo-vi-tah-dah oo-sal-doos-vär-set lee-moo-see-nee-teen-oost?)

222. Is there an airport shuttle for early morning flights?
Kas varajaste lendude jaoks on olemas lennujaama shuttle?
(Kas vah-rah-yahs-teh len-doo-deh yah-oks on oh-leh-mas len-noo-yah-mah shuttle?)

Traveling with Luggage

223. Can I check my bags at this train station?
Kas ma saan oma pagasi selles rongijaamas ära anda?
(Kas mah sahn oh-mah pah-gah-see sehl-lehs ron-gee-yah-mahs är-rah ahn-dah?)

224. Where can I find baggage carts in the airport?
Kust ma leian pagasikärud lennujaamas?
(Koost mah lay-an pah-gah-see-kär-ood len-noo-yah-mahs?)

> **Fun Fact:** Estonia was the first country in the world to adopt online voting, in 2005.

225. Are there weight limits for checked baggage?
Kas on pagasi kaalupiirangud?
(Kas on pah-gah-see kah-ah-loo-pee-ran-gud?)

226. Can I carry my backpack as a personal item?
Kas ma saan oma seljakoti isikliku esemena kaasa võtta?
(Kas mah sahn oh-mah sel-yah-ko-tee ee-sik-lee-koo eh-seh-meh-nah kah-ah-sah võt-tah?)

227. What's the procedure for oversized luggage?
Mis on ülegabariidilise pagasi protseduur?
(Mees on ü-leh-gah-bah-ree-dih-li-seh pah-gah-see pro-tseh-doo-er?)

228. Can I bring a stroller on the bus?
Kas ma saan võtta bussi lapsevankri?
(Kas mah sahn võt-tah boos-see lah-pseh-vahn-kree?)

229. Are there lockers for storing luggage at the airport?
Kas lennujaamas on pagasihoiukapid?
(Kas len-noo-yah-mahs on pah-gah-see-hoy-oo-kah-pehd?)

> **Fun Fact:** Estonians celebrate Jaanipäev, the summer solstice, with large bonfires.

230. How do I label my luggage with contact information?
Kuidas märgistan oma pagasi kontaktinfoga?
(Koo-ee-dahs mär-gis-tan oh-mah pah-gah-see kon-takt-in-foh-gah?)

231. Is there a lost and found office at the train station?
Kas rongijaamas on leitud asjade osakond?
(Kas ron-gee-yah-mahs on lay-oo-dood ah-shah-deh oh-sah-kond?)

> **Idiomatic Expression:** "Nägu nagu raamat."
> Meaning: "An expressive face that easily reveals feelings."
> (Literal translation: "Face like a book.")

232. Can I carry fragile items in my checked bags?
Kas ma võin oma registreeritud pagasis kergesti purunevaid esemeid vedada?
(Kas mah voin oh-mah ree-gis-tree-ree-too-doo pah-gah-sees kehr-ges-tee poo-roo-neh-vah-id eh-se-mei-d veh-dah-dah?)

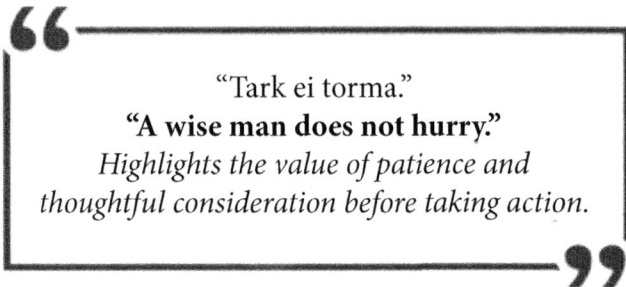

"Tark ei torma."
"A wise man does not hurry."
Highlights the value of patience and thoughtful consideration before taking action.

Word Search Puzzle: Travel & Transportation

AIRPORT
LENNUJAAM
BUS
BUSS
TAXI
TAKSO
TICKET
PILET
MAP
KAART
CAR
AUTO
METRO
METROO
BICYCLE
JALGRATAS
DEPARTURE
VÄLJUMINE
ARRIVAL
SAABUMINE
ROAD
TEE
PLATFORM
PERROON
STATION
JAAM
TERMINAL
TERMINAAL

```
X N L C G A P U T R O P R I A
N S M S R I L O Y B N H S S P
Q K S A L W T J V I V H B U L
A U W E A U Z N Q C Z L E B A
B M T A A J B J W Y H F C E T
H L E I A V U V A C E I K H F
U A A T G R V N P L T E W G O
V N L S R M T J N E K A N K R
K I C G X O V E N E P I K D M
L M A E L T O I E E L F U S L
A R Z Z Y O M T R E B B N A O
V E L O N U G R N O T E A J R
I T T Y B D O E N P T N T A X
R Q P A F O M W H P I L E X P
R S A X N T J T X M A D F W E
A S M Z K I N V R Q W E K M P
U O Q X D C U E N A O L T G V
E N C O A K T K X I A A Y A A
Z N R O C E Z Z U R M K A V A
M Q I V T T E R U T R A P E D
S L Y M N O I T A T S C C F S
Q F A U U C V L X J F U V R D
N A Q Q J J U M A Y G Q R R X
A O L Q V F L L A K C X O Q G
R S S R S Z G Ä C A X S O L O
V R O A D R F I V B J A S H G
P A M C A V T A X I M E T R O
B S Q T S N A M D J H H J V K
T Y A E W C B Z B C W K A R J
F S F N V Y Y V A L J O F B J
```

Correct Answers:

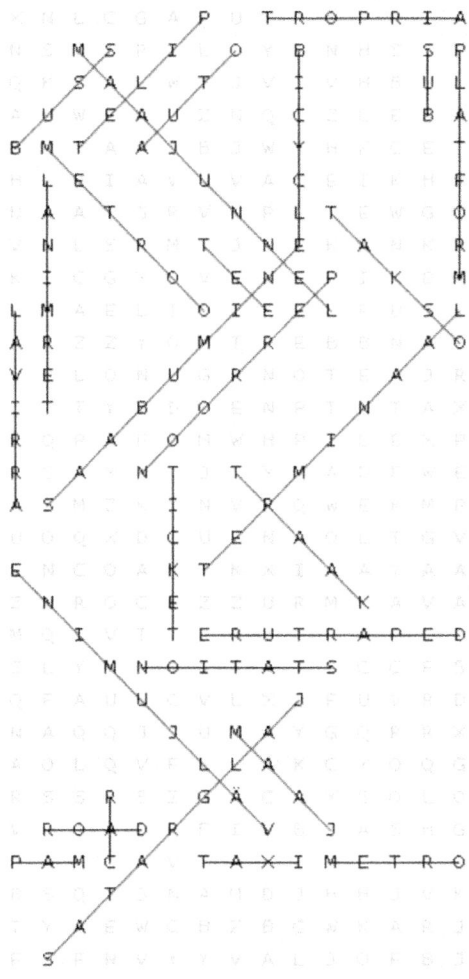

ACCOMMODATIONS

- CHECKING INTO A HOTEL -
- ASKING ABOUT ROOM AMENITIES -
- REPORTING ISSUES OR MAKING REQUESTS -

Hotel Check-In

233. I have a reservation under [Name].
 Mul on broneering nimele [Nimi].
 (Mool on bro-nee-ring nee-meh-leh [Nee-mee].)

234. Can I see some identification, please?
 Kas ma võin näha teie isikut tõendavat dokumenti, palun?
 (Kas mah vo-in nä-hah te-ye is-ik-oot tõ-en-dah-vat do-ku-men-tee, pah-loon?)

235. What time is check-in/check-out?
 Mis kell on sisse-/väljaregistreerimine?
 (Mees kell on sis-seh-/väl-ya-re-gis-trei-mee-neh?)

236. Is breakfast included in the room rate?
 Kas hommikusöök on toa hinnas kaasas?
 (Kas hom-mi-koo-söök on toa hin-nas kaa-sas?)

237. Do you need a credit card for incidentals?
 Kas on vaja krediitkaarti lisakulude jaoks?
 (Kas on vah-ya kreh-deet-kar-tee lee-sa-koo-loo-deh yah-oks?)

238. May I have a room key, please?
 Kas ma saan toa võtit, palun?
 (Kas mah sahn toa võt-teet, pah-loon?)

239. Is there a shuttle service to the airport?
 Kas on lennujaama transfeerteenus?
 (Kas on len-noo-yah-mah trans-feer-tee-nus?)

240. Could you call a bellhop for assistance?
Kas te saaksite kutsuda pagasipoisi abi saamiseks?
(Kas teh sahk-see-teh koot-soo-dah pah-gah-see-poy-see ah-bee sah-ah-mee-seks?)

Fun Fact: Estonia is almost 50% forest.

Room Amenities

241. Can I request a non-smoking room?
Kas ma saan küsida mittesuitsetaja tuba?
(Kas mah sahn küh-see-dah mit-teh-sweet-seh-tah-yah too-bah?)

242. Is there a mini-fridge in the room?
Kas toas on minikülmik?
(Kas to-as on mee-nee-kül-mik?)

243. Do you provide free Wi-Fi access?
Kas pakute tasuta Wi-Fi pääsu?
(Kas pah-koo-teh tah-soo-tah Wi-Fi pä-ä-soo?)

244. Can I have an extra pillow or blanket?
Kas ma saan lisapadja või teki?
(Kas mah sahn lee-sah-pahd-yah vöi teh-kee?)

245. Is there a hairdryer in the bathroom?
Kas vannitoas on föön?
(Kas van-nee-to-as on föön?)

246. What's the TV channel lineup?
Mis on televiisorikanalite nimekiri?
(*Mees on teh-leh-vii-soh-ree-ka-na-lee-teh nee-meh-kee-ree?*)

247. Are toiletries like shampoo provided?
Kas hügieenitarbed nagu šampoon on kaasas?
(*Kas hü-giee-nee-tar-bed nah-goo shahm-poon on kah-ah-sas?*)

248. Is room service available 24/7?
Kas toateenindus on saadaval ööpäevaringselt?
(*Kas toa-tee-nin-dus on sah-ah-dah-val öö-päe-vah-ring-selt?*)

> **Fun Fact:** Estonia has one of the highest rates of meteorite craters per land area in the world.

Reporting Issues

249. There's a problem with the air conditioning.
Kliimaseadmega on probleem.
(*Klee-mah-sead-meh-gah on proh-bleem.*)

250. The shower is not working properly.
Dušš ei tööta korralikult.
(*Dush ei töö-tah kor-rah-lee-koolt.*)

251. My room key card isn't functioning.
Minu toa võtmekaart ei tööta.
(*Mee-noo toa võt-me-kaart ei töö-tah.*)

252. There's a leak in the bathroom.
Vannitoas on leke.
(Vah-nee-toh-as on leh-keh.)

253. The TV remote is not responding.
Teleri pult ei reageeri.
(Teh-leh-ree poolt ei reh-ah-gee-ree.)

254. Can you fix the broken light in my room?
Kas saate parandada minu toas katkise valgusti?
(Kas sah-teh pah-ran-dah-dah mee-noo toh-as kah-kee-seh vah-loo-stee?)

255. I need assistance with my luggage.
Ma vajan abi oma pagasiga.
(Mah vah-yan ah-bee oh-mah pah-gah-see-gah.)

256. There's a strange noise coming from next door.
Naabertoast kostab imelikku müra.
(Naah-ber-toh-ast ko-stab ee-meh-lee-koo mü-ra.)

Making Requests

257. Can I have a wake-up call at 7 AM?
Kas ma saan äratuse kell 7 hommikul?
(Kas mah sahn är-rah-too-seh kell seit-seh hom-mi-kool?)

> **Fun Fact:** The traditional Estonian Christmas meal includes pork, sauerkraut, and black pudding.

258. Please send extra towels to my room.
Palun saatke lisarätikud minu tuppa.
(Pah-loon saht-keh lee-sah-rä-tee-kud mee-noo toop-pah.)

259. Could you arrange a taxi for tomorrow?
Kas te saaksite homseks takso tellida?
(Kas teh sahk-see-teh hohm-seks tak-so teh-lee-dah?)

260. I'd like to extend my stay for two more nights.
Sooviksin oma peatumist pikendada veel kaheks ööks.
(Soh-veek-sin oh-mah peh-tah-mist pee-ken-dah-dah veel kah-heks ööks.)

> **Idiomatic Expression:** "Sõbrad selja taga."
> Meaning: "To have good and supportive friends."
> (Literal translation: "Friends behind one's back.")

261. Is it possible to change my room?
Kas on võimalik mu tuba vahetada?
(Kas on või-mah-lik moo too-bah vah-heh-tah-dah?)

262. Can I have a late check-out at 2 PM?
Kas ma saan hiljem välja registreeruda kell 14:00?
(Kas mah sahn hil-yem väl-yah reh-gis-tree-ru-dah kell neli-stee?)

263. I need an iron and ironing board.
Mul on vaja triikrauda ja triikimislauda.
(Mool on vah-yah treek-rah-oo-dah yah treek-ee-mees-lou-dah.)

264. Could you provide directions to [location]?
Kas te saaksite anda juhiseid [asukohta]?
(Kas teh sahk-see-teh ahn-dah yuh-ee-seid [ah-soo-koh-tah]?)

Room Types and Preferences

265. I'd like to book a single room, please.
Sooviksin broneerida ühese toa, palun.
(Soh-veek-sin bro-nee-ree-dah ü-he-seh too-ah, pah-loon.)

266. Do you have any suites available?
Kas teil on saadaval sviite?
(Kas tail on sah-ah-dah-val svee-teh?)

267. Is there a room with a view of the city?
Kas on tuba, millest avaneb vaade linnale?
(Kas on too-bah, mil-lest ah-vah-neb vah-deh lee-nah-leh?)

268. Is breakfast included in the room rate?
Kas hommikusöök on toa hinnas?
(Kas hom-mi-koo-söök on toa hin-nas?)

269. Can I request a room on a higher floor?
Kas ma saan paluda tuba kõrgemal korrusel?
(Kas mah sahn pah-loo-dah too-bah kõr-ge-mal kor-roo-sel?)

270. Is there an option for a smoking room?
Kas on olemas suitsetamiseks ettenähtud tuba?
(Kas on oh-leh-mas soo-it-seh-tah-mee-seks et-teh-näh-hood too-bah?)

> **Travel Story:** Exploring the bog landscapes, a guide says "Loodus ei kiirusta, aga kõik saab õigeks ajaks valmis" (Nature is not in a hurry, but everything is completed in its own time), reflecting on the slow and steady pace of natural life.

271. Are there connecting rooms for families?
Kas on peredele mõeldud ühendatavad toad?
(*Kas on peh-reh-de-leh mõl-dood ühen-da-tah-vad toad?*)

272. I'd prefer a king-size bed.
Eelistan king-size voodit.
(*Eh-lis-tan king-size voo-dit.*)

273. Is there a bathtub in any of the rooms?
Kas mõnes toas on vann?
(*Kas mõ-nes toas on vann?*)

Hotel Facilities and Services

274. What time does the hotel restaurant close?
Mis kell hotelli restoran suleb?
(*Mees kell ho-tel-lee res-to-ran soo-leb?*)

275. Is there a fitness center in the hotel?
Kas hotellis on jõusaal?
(*Kas ho-tel-lees on yõu-saal?*)

276. Can I access the pool as a guest?
Kas ma saan külalisena basseini kasutada?
(*Kas mah sahn kül-ah-lee-seh-nah bah-sei-ni kah-soo-tah-dah?*)

277. Do you offer laundry facilities?
Kas pakute pesupesemise teenust?
(*Kas pah-koo-teh peh-soo-peh-se-mee-seh tee-nust?*)

278. Is parking available on-site?
Kas kohapeal on parkimisvõimalus?
(Kas ko-ha-peal on par-ki-mis-või-mah-lus?)

279. Is room cleaning provided daily?
Kas toa koristamine toimub iga päev?
(Kas toa ko-ris-tah-mee-neh toy-moob ee-gah pä-ev?)

280. Can I use the business center?
Kas ma saan ärikeskust kasutada?
(Kas mah sahn ä-ri-kes-kust kah-soo-tah-dah?)

281. Are pets allowed in the hotel?
Kas hotell lubab lemmikloomi?
(Kas ho-tell loo-bab leh-mmi-kloo-mi?)

> **Travel Story:** During Jaanipäev (Midsummer) celebrations in the countryside, participants are taught "Jaanituli toob valguse" (The Midsummer fire brings light), symbolizing the triumph of light over darkness.

Payment and Check-Out

282. Can I have the bill, please?
Kas ma saan arve, palun?
(Kas mah sahn ar-veh, pah-loon?)

283. Do you accept credit cards?
Kas te võtate vastu krediitkaarte?
(Kas teh võ-tah-teh vahs-too kreh-diit-kaar-teh?)

284. Can I pay in cash?
Kas ma saan maksta sularahas?
(Kas mah sahn mak-stah soo-lah-rah-has?)

285. Is there a security deposit required?
Kas on vajalik tagatisraha?
(Kas on vah-yah-lik tah-gah-tis-rah-hah?)

286. Can I get a receipt for my stay?
Kas ma saan oma peatumise eest tšeki saada?
(Kas mah sahn oh-mah peh-tah-mee-seh eest cheh-kee sah-dah?)

287. What's the check-out time?
Mis kell on väljaregistreerimine?
(Mees kell on väl-yah-reh-gis-tree-ree-mee-neh?)

288. Is late check-out an option?
Kas hiline väljaregistreerimine on võimalik?
(Kas hi-lee-neh väl-yah-reh-gis-tree-ree-mee-neh on või-mah-lik?)

289. Can I settle my bill in advance?
Kas ma saan oma arve ette maksta?
(Kas mah sahn oh-mah ar-veh et-teh mak-stah?)

Booking Accommodations

290. Can I book online or by phone?
Kas ma saan broneerida internetis või telefoni teel?
(Kas mah sahn bro-nee-ree-dah in-ter-ne-tis või teh-le-foh-nee teel?)

291. How much is the room rate per night?
Mis on toa hind öö kohta?
(Mees on toa heend öö koh-tah?)

292. I'd like to make a reservation.
Sooviksin broneeringut teha.
(Soh-veek-sin bro-nee-rin-goot teh-hah.)

293. Are there any special promotions?
Kas on eripakkumisi?
(Kas on eh-ree-pah-koo-mee-see?)

294. Is breakfast included in the booking?
Kas broneering sisaldab hommikusööki?
(Kas bro-nee-ring see-sahl-dab hom-mi-koo-söö-kee?)

295. Can you confirm my reservation?
Kas te saate mu broneeringut kinnitada?
(Kas teh sah-teh moo bro-nee-rin-goot kin-nee-tah-dah?)

296. What's the cancellation policy?
Mis on tühistamispoliitika?
(Mees on tü-his-tah-mis-po-lee-tee-kah?)

297. I'd like to modify my booking.
Sooviksin oma broneeringut muuta.
(Soh-veek-sin oh-mah bro-nee-rin-goot moo-tah?)

"Iga algus on raske."
"Every beginning is hard."
Starting something new is challenging but often leads to rewarding outcomes.

Mini Lesson:
Basic Grammar Principles in Estonian #1

Introduction:

Estonian, a Finno-Ugric language spoken primarily in Estonia, offers a unique linguistic perspective distinct from the Indo-European language family. Despite its complexity, Estonian has a logical structure, making it an intriguing language for learners. This lesson introduces the foundational concepts of Estonian grammar essential for beginners embarking on their language learning journey.

1. Nouns and Cases:

Estonian nouns are influenced by 14 cases, each serving different grammatical functions, similar to roles played by prepositions in English. The cases affect the form of the noun, indicating its relationship to other words in the sentence.

- *Nominative (Nimetav) - The basic form: koer (a dog), maja (a house)*
- *Partitive (Osastav) - Often used to express partiality or indefinite quantities: koera (of a dog), maja (of a house)*

2. Adjectives and Agreement:

Adjectives in Estonian agree with the noun they describe in number, case, and gender. This agreement impacts the adjective's ending.

- *Suur koer (a big dog) - Nominative*
- *Suurt koera (of a big dog) - Partitive*

3. Personal Pronouns:

Estonian personal pronouns also change form according to the case. They are crucial for constructing sentences around subjects, objects, and possessive relationships.

- *Mina (I)*
- *Sina (you - singular)*
- *Tema (he/she)*
- *Meie (we)*
- *Teie (you - plural)*
- *Nemad (they)*

4. Verb Conjugation:

Estonian verbs conjugate according to tense and mood but do not change according to the person or number. This makes verb conjugations somewhat simpler than in many other languages.

- *Ma loen (I read)*
- *Sa loed (You read)*
- *Ta loeb (He/She reads)*

5. Tenses:

Estonian has four primary tenses: present, past (imperfect), past perfect, and future. The formation of these tenses is relatively straightforward.

- *Ma loen (I read - present)*
- *Ma lugesin (I read - past)*
- *Ma olen lugenud (I have read - past perfect)*
- *Ma loen (I will read - future is often implied rather than explicitly formed)*

6. Negation:

The negation word in Estonian is "ei," placed before the verb. It negates the action described by the verb.

- *Ma ei loe (I do not read)*

7. Questions:

Questions can be formed simply by changing the intonation of a statement or using question words such as "kes?" (who?), "mida?" (what?), "kus?" (where?), "millal?" (when?), and "kuidas?" (how?).

- *Kas sa loed? (Do you read?)*
- *Kus on raamatukogu? (Where is the library?)*

8. Plurals:

Plural forms of nouns and adjectives in Estonian are formed by adding specific endings, which also change according to the case.

- *Koerad (dogs) - Nominative plural*
- *Suured koerad (big dogs) - Nominative plural*

Conclusion:

This introduction to Estonian grammar covers only the basics, laying the groundwork for further study. Estonian's rich case system and logical structure open up a fascinating linguistic landscape for learners. As with any language, mastery of Estonian comes with time, practice, and exposure. Edu! (Good luck!)

SHOPPING

- BARGAINING AND HAGGLING -
- DESCRIBING ITEMS AND SIZES -
- MAKING PURCHASES AND PAYMENTS -

Bargaining

298. Can you give me a discount?
Kas te saate mulle allahindlust teha?
(Kas teh sah-teh mool-leh ah-lah-heend-loost teh-hah?)

299. What's your best price?
Mis on teie parim hind?
(Mees on teh-ye pah-reem heend?)

300. Is this the final price?
Kas see on lõplik hind?
(Kas seh on löp-lik heend?)

301. What's the lowest you can go?
Mis on madalaim hind, millele te lähete?
(Mees on mah-dah-lime heend, mee-leh-leh teh lä-heh-teh?)

302. Do you offer any discounts for cash payments?
Kas pakute sularahamaksete puhul allahindlusi?
(Kas pah-koo-teh soo-lah-rah-mahk-seh-teh poo-hool ah-lah-heend-loo-see?)

303. Are there any promotions or deals?
Kas on olemas mingeid kampaaniaid või pakkumisi?
(Kas on oh-leh-mas min-geid kahm-pah-nee-aid või pahk-koo-mee-see?)

304. I'm on a budget. Can you lower the price?
Ma pean eelarvest kinni. Kas saate hinda alandada?
(Mah pe-an eh-lahr-vest kin-nee. Kas sah-teh heen-dah ah-lan-dah-dah?)

305. I'd like to negotiate the price.
Sooviksin hinda läbi rääkida.
(Soh-veek-sin heen-dah lä-bee rää-kee-dah.)

306. Can you do any better on the price?
Kas saate hinda veel paremaks teha?
(Kas sah-teh heen-dah veel pah-reh-maks teh-hah?)

307. Can you match the price from your competitor?
Kas saate konkurendi hinnaga võrdsustada?
(Kas sah-teh kon-koo-ren-dee heen-nah-gah vörd-soos-tah-dah?)

Item Descriptions

308. Can you tell me about this product?
Kas te saate selle toote kohta rääkida?
(Kas teh sah-teh sehl-leh toh-teh koh-tah rää-kee-dah?)

309. What are the specifications of this item?
Mis on selle eseme tehnilised andmed?
(Mees on sehl-leh eh-seh-meh teh-nee-lised ahnd-med?)

310. Is this available in different colors?
Kas see on saadaval erinevates värvides?
(Kas seh on sah-ah-dah-val eh-ree-ne-vah-tes vär-ve-des?)

311. Can you explain how this works?
Kas te saate selgitada, kuidas see töötab?
(Kas teh sah-teh sehl-gee-tah-dah, koo-ee-dahs seh töö-tahb?)

312. What's the material of this item?
Mis materjalist see ese on?
(*Mees ma-te-ryah-leest seh eh-seh on?*)

313. Are there any warranties or guarantees?
Kas on olemas garantiid või tagatised?
(*Kas on oh-leh-mas ga-ran-teed või ta-gah-ti-sed?*)

314. Does it come with accessories?
Kas see tuleb koos lisavarustusega?
(*Kas seh too-leb koh-os lee-sah-vah-roos-too-seh-gah?*)

315. Can you show me how to use this?
Kas saate näidata, kuidas seda kasutada?
(*Kas sah-teh nä-ee-dah-tah, koo-ee-das seh-dah kah-soo-tah-dah?*)

316. Are there any size options available?
Kas on saadaval erinevad suurused?
(*Kas on sah-ah-dah-val eh-ree-ne-vad soo-roo-sed?*)

317. Can you describe the features of this product?
Kas saate kirjeldada selle toote omadusi?
(*Kas sah-teh keer-yel-dah-dah sehl-leh toh-teh oh-mah-doo-see?*)

Payments

318. I'd like to pay with a credit card.
Sooviksin maksta krediitkaardiga.
(*Soh-veek-sin mak-stah kre-deet-kahr-dee-gah.*)

319. Do you accept debit cards?
Kas te võtate vastu deebetkaarte?
(Kas teh võ-tah-teh vahs-too deh-beet-kahr-teh?)

320. Can I pay in cash?
Kas ma saan maksta sularahas?
(Kas mah sahn mak-stah soo-lah-rah-has?)

> **Idiomatic Expression:** "Süda pahaks minema."
> Meaning: "To be disgusted or fed up with something."
> (Literal translation: "Heart going bad.")

321. What's your preferred payment method?
Mis on teie eelistatud makseviis?
(Mees on teh-ye eh-lees-tah-tood mak-seh-vees?)

322. Is there an extra charge for using a card?
Kas kaardiga maksmisel on lisatasu?
(Kas kahr-dee-gah mak-smee-sel on lee-sah-tah-soo?)

323. Can I split the payment into installments?
Kas ma saan jagada makse osadeks?
(Kas mah sahn yah-gah-dah mak-seh oh-sah-deks?)

324. Do you offer online payment options?
Kas pakute võimalust maksta internetis?
(Kas pah-koo-teh või-mah-loost mak-stah in-ter-neh-tis?)

325. Can I get a receipt for this purchase?
Kas ma saan selle ostu eest tšeki saada?
(Kas mah sahn sehl-leh os-too eest cheh-kee sah-dah?)

326. Are there any additional fees?
Kas on lisatasusid?
(Kas on lee-sah-tah-soo-sid?)

327. Is there a minimum purchase amount for card payments?
Kas kaardimaksetel on minimaalne ostusumma?
(Kas kaar-dee-mak-seh-tel on mee-nee-mahl-ne os-too-soo-mah?)

> **Travel Story:** In a Tallinn design shop, a craftsman uses the term "Käsitöö hingega" (Handicraft with soul), to describe the care and tradition embedded in Estonian design.

Asking for Recommendations

328. Can you recommend something popular?
Kas saate soovitada midagi populaarset?
(Kas sah-teh soo-vee-tah-dah mee-dah-gee po-poo-lahr-set?)

329. What's your best-selling product?
Mis on teie enim müüdud toode?
(Mees on teh-ye eh-neem müü-dood toh-deh?)

330. Do you have any customer favorites?
Kas teil on klientide lemmikuid?
(Kas tail on klee-en-tee-de leh-mmi-kooid?)

331. Is there a brand you would suggest?
Kas on mõni bränd, mida soovitaksite?
(Kas on mõ-nee bränd, mee-dah soo-vee-tahk-see-teh?)

332. Could you point me to high-quality items?
Kas saaksite osutada kõrge kvaliteediga toodetele?
(Kas sahk-see-teh oh-soo-tah-dah kõr-geh kvah-lee-teh-dee-gah too-deh-teh-leh?)

333. What do most people choose in this category?
Mida enamik inimesi selles kategoorias valib?
(Mee-dah eh-nah-mik ee-nee-meh-see sehl-lehs ka-teh-goo-ree-ahs vah-leeb?)

334. Are there any special recommendations?
Kas on erisoovitusi?
(Kas on eh-ree-soo-vi-too-see?)

335. Can you tell me what's trendy right now?
Kas saate öelda, mis hetkel moes on?
(Kas sah-teh ööl-dah, mees het-kel mo-es on?)

336. What's your personal favorite here?
Mis on teie isiklik lemmik siin?
(Mees on teh-ye ee-sik-lik leh-mmik seen?)

337. Any suggestions for a gift?
Kas on kingituse soovitusi?
(Kas on kin-gee-too-se soo-vi-too-see?)

> **Language Learning Tip:** Label Your Environment - Label items in your home with their Estonian names to learn vocabulary passively.

Returns and Exchanges

338. I'd like to return this item.
 Sooviksin selle eseme tagastada.
 (Soh-veek-sin sehl-leh eh-seh-meh tah-gah-stah-dah.)

339. Can I exchange this for a different size?
 Kas ma saan selle vahetada teise suuruse vastu?
 (Kas mah sahn sehl-leh vah-eh-tah-dah teh-ee-seh soo-roo-seh vahs-too?)

340. What's your return policy?
 Mis on teie tagastuspoliitika?
 (Mees on teh-ye tah-gahs-toos-po-lee-tee-kah?)

341. Is there a time limit for returns?
 Kas tagastamisel on ajapiirang?
 (Kas tah-gahs-tah-mee-sel on ah-yah-pee-rang?)

342. Do I need a receipt for a return?
 Kas tagastuse jaoks on vajalik tšekk?
 (Kas tah-gahs-too-se yah-oks on vah-yah-lik chekk?)

343. Is there a restocking fee for returns?
 Kas tagastuste eest on taastäitmistasu?
 (Kas tah-gahs-too-steh eest on tahs-tä-it-mee-tah-soo?)

344. Can I get a refund or store credit?
 Kas ma saan tagastuse korral raha tagasi või poekrediiti?
 (Kas mah sahn tah-gahs-too-se kor-ral rah-hah tah-gah-see voi poh-eh-kreh-dee-tee?)

345. Do you offer exchanges without receipts?
Kas pakute vahetusi ilma tšekita?
(*Kas pah-koo-teh vah-he-too-see ilma cheh-kee-tah?*)

346. What's the process for returning a defective item?
Mis on defektse eseme tagastamise protsess?
(*Mees on deh-fekt-seh eh-seh-meh tah-gahs-tah-mee-seh pro-tsess?*)

347. Can I return an online purchase in-store?
Kas ma saan internetist ostetud kauba poes tagastada?
(*Kas mah sahn in-ter-neh-tist os-teh-tood kah-oo-bah poh-es tah-gahs-tah-dah?*)

> **Travel Story:** Visiting the Estonian Open Air Museum, a guide explains "Iga maja jutustab loo" (Every house tells a story), inviting guests to discover the history of rural Estonia.

Shopping for Souvenirs

348. I'm looking for local souvenirs.
Otsin kohalikke suveniire.
(*Oht-sin koh-ah-lik-keh soo-veh-nee-reh.*)

349. What's a popular souvenir from this place?
Mis on selle koha populaarne suveniir?
(*Mees on sehl-leh koh-hah po-poo-lahr-neh soo-veh-neer?*)

350. Do you have any handmade souvenirs?
Kas teil on käsitsi valmistatud suveniire?
(*Kas tail on kä-see-tsee vah-lmis-tah-tood soo-veh-nee-reh?*)

351. Are there any traditional items here?
Kas siin on traditsioonilisi esemeid?
(Kas seen on tra-di-tsee-o-nee-li-see eh-seh-meed?)

352. Can you suggest a unique souvenir?
Kas saate soovitada ainulaadset suveniiri?
(Kas sah-teh soo-vi-tah-dah ai-nu-lahd-set soo-veh-neer-i?)

353. I want something that represents this city.
Soovin midagi, mis esindab seda linna.
(Soh-vin mee-dah-gee, mis eh-sin-dab seh-dah lin-nah.)

354. Are there souvenirs for a specific landmark?
Kas on suveniire mõne konkreetse vaatamisväärsuse jaoks?
(Kas on soo-veh-neer-e mõ-ne kon-kreet-seh vaah-tah-mis-vää-rsu-se yah-oks?)

355. Can you show me souvenirs with cultural significance?
Kas saate näidata mulle kultuurilise tähendusega suveniire?
(Kas sah-teh nä-i-dah-tah mool-leh kool-too-ree-li-seh täh-en-du-se-gah soo-veh-neer-e?)

356. Do you offer personalized souvenirs?
Kas pakute isikupärastatud suveniire?
(Kas pah-koo-teh ee-si-koo-pä-rah-stah-tood soo-veh-neer-e?)

357. What's the price range for souvenirs?
Mis on suveniiride hinnaskaala?
(Mees on soo-veh-neer-i-de hin-nas-kaa-lah?)

Shopping Online

358. How do I place an order online?
Kuidas ma saan tellimust internetis esitada?
(Koo-i-das mah sahn teh-limus-t in-ter-ne-tis eh-si-tah-dah?)

359. What's the website for online shopping?
Mis on veebileht internetis ostlemiseks?
(Mees on veeb-i-leht in-ter-ne-tis ost-leh-miseks?)

360. Do you offer free shipping?
Kas pakute tasuta saatmist?
(Kas pah-koo-teh tah-soo-tah saht-mist?)

361. Are there any online discounts or promotions?
Kas on internetis soodustusi või kampaaniaid?
(Kas on in-ter-ne-tis soo-dus-too-seid või kahm-paa-nee-aid?)

362. Can I track my online order?
Kas ma saan jälgida oma interneti tellimust?
(Kas mah sahn yäl-gi-dah oh-mah in-ter-ne-ti teh-li-must?)

363. What's the return policy for online purchases?
Mis on internetiostude tagastuspoliitika?
(Mees on in-ter-ne-ti-os-too-deh tah-gahs-toos-po-lee-tee-kah?)

364. Do you accept various payment methods online?
Kas võtate vastu erinevaid makseviise internetis?
(Kas võ-tah-teh vahs-too eh-ree-ne-vaid mak-se-vee-se in-ter-ne-tis?)

365. Is there a customer support hotline for online orders?
Kas online-tellimuste jaoks on olemas klienditoe infoliin?
(Kas on-line-tel-lee-mus-te yah-oks on oh-leh-mas klee-en-dee-toe in-foh-leen?)

> **Idiomatic Expression:** "Sõrmust vahetama."
> Meaning: "To get married."
> (Literal translation: "To exchange rings.")

366. Can I change or cancel my online order?
Kas ma saan muuta või tühistada oma online-tellimust?
(Kas mah sahn moo-tah voi tü-his-tah-dah oh-mah on-line-tel-lee-must?)

367. What's the delivery time for online purchases?
Mis on online-ostude tarneaeg?
(Mees on on-line-os-too-de tar-neh-aeg?)

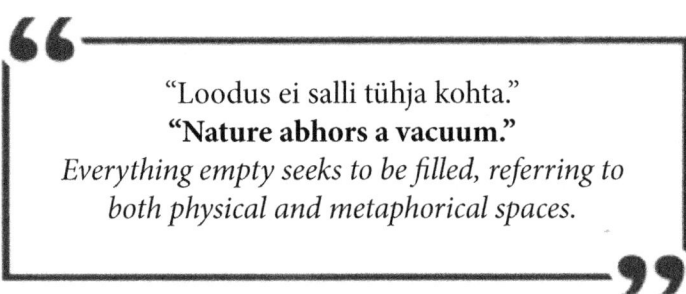

"Loodus ei salli tühja kohta."
"Nature abhors a vacuum."
Everything empty seeks to be filled, referring to both physical and metaphorical spaces.

Cross Word Puzzle: Shopping

(Provide the English translation for the following Estonian words)

Down

1. - KASSAPIDAJA
3. - RIIDED
5. - KAMPAANIA
8. - TŠEKK

Across

2. - BRÄND
4. - KONKS
5. - HIND
6. - ALLAHINDLUS
7. - BUTIIK
9. - KLIENT
10. - OSTLEMINE
11. - RAHAKOTT

Correct Answers:

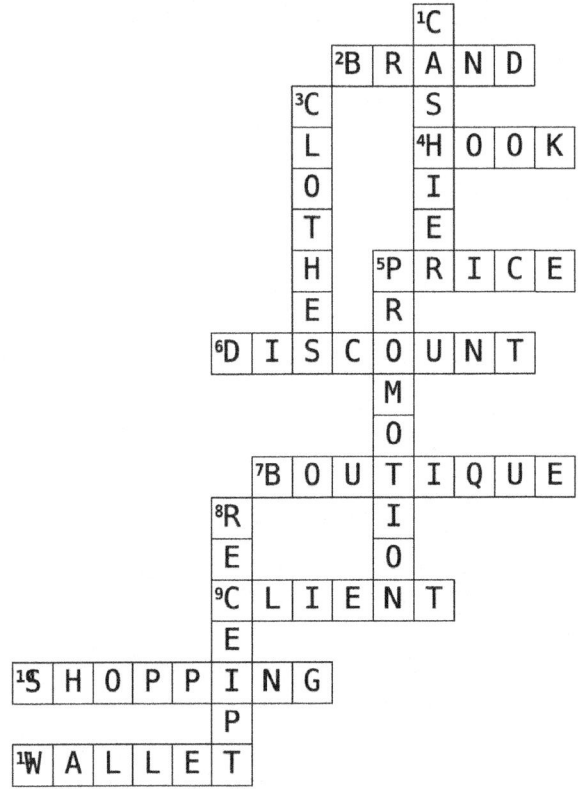

EMERGENCIES

- SEEKING HELP IN CASE OF AN EMERGENCY -
- REPORTING ACCIDENTS OR HEALTH ISSUES -
- CONTACTING AUTHORITIES OR MEDICAL SERVICES -

Getting Help in Emergencies

368. Call an ambulance, please.
Palun kutsuge kiirabi.
(Pah-loon koot-soo-geh keer-ah-bee.)

> **Language Learning Tip:** Learn Cognates - Identify and memorize words similar to English to rapidly expand your vocabulary.

369. I need a doctor right away.
Mul on kohe arsti vaja.
(Mool on koh-heh ars-tee vah-yah.)

370. Is there a hospital nearby?
Kas lähedal on haigla?
(Kas lä-heh-dahl on hai-glah?)

371. Help! I've lost my way.
Appi! Ma olen eksinud.
(Ahp-pee! Mah oh-len ehk-see-nood.)

372. Can you call the police?
Kas te saate politsei kutsuda?
(Kas teh sah-teh poh-leet-sei koot-soo-dah?)

373. Someone, please call for help.
Keegi, palun kutsuge abi.
(Key-gee, pah-loon koot-soo-geh ah-bee.)

374. My friend is hurt, we need assistance.
Minu sõber on viga saanud, me vajame abi.
(Mee-noo sõ-ber on vee-gah sah-nood, meh vah-yah-meh ah-bee.)

375. I've been robbed; I need the authorities.
Mind on röövitud; ma vajan ametivõime.
(Meend on röö-vee-tood; mah vah-yahn ah-meh-tee-või-meh.)

376. Please, I need immediate assistance.
Palun, ma vajan kohest abi.
(Pah-loon, mah vah-yahn koh-hes-tah ah-bee.)

377. Is there a fire station nearby?
Kas läheduses on tuletõrjejaam?
(Kas lä-heh-doo-sehs on too-leh-tõr-yeh-yahm?)

Reporting Incidents

378. I've witnessed an accident.
Ma nägin õnnetust.
(Mah nä-gin õn-ne-toost.)

379. There's been a car crash.
Toimus autoõnnetus.
(Toi-moos ow-toh-õn-ne-toos.)

380. We need to report a fire.
Me peame tulekahju teatama.
(Meh peh-ah-meh too-leh-kah-yoo teh-ah-tah-mah.)

381. Someone has stolen my wallet.
Keegi varastas mu rahakoti.
(Key-gee vah-rah-stahs moo rah-hah-koh-tee.)

382. I need to report a lost passport.
Ma pean teatama kadunud passist.
(Mah pe-an te-ah-tah-mah kah-doo-nood pahs-seest.)

383. There's a suspicious person here.
Siin on kahtlane isik.
(Seen on kaht-lah-neh ee-sik.)

384. I've found a lost child.
Ma leidsin eksinud lapse.
(Mah layd-sin ehk-see-nood lah-pseh.)

385. Can you help me report a missing person?
Kas saate aidata mul teatada kadunud isikust?
(Kas sah-teh ai-dah-tah mool te-ah-tah-dah kah-doo-nood ee-si-koost?)

386. We've had a break-in at our home.
Meie kodus toimus murdvargus.
(May-eh ko-dus toi-moos moord-var-goos.)

387. I need to report a damaged vehicle.
Ma pean teatama kahjustatud sõidukist.
(Mah pe-an te-ah-tah-mah kah-joo-stah-tood sõi-doo-keest.)

Contacting Authorities

388. I'd like to speak to the police.
Ma soovin rääkida politseiga.
(Mah soo-vin rää-ki-dah poh-lit-sei-gah.)

389. I need to contact the embassy.
Ma pean võtma ühendust saatkonnaga.
(Mah pe-an võt-mah ü-hen-doost saht-kon-nah-gah.)

390. Can you connect me to the fire department?
Kas saate mind ühendada päästeametiga?
(Kas sah-teh meend ü-hen-dah-dah pääs-teh-ah-me-ti-gah?)

391. We need to reach animal control.
Meil on vaja ühendust võtta loomakaitsega.
(May-il on vah-jah ü-hen-doost võt-tah loo-mah-kait-se-gah.)

392. How do I get in touch with the coast guard?
Kuidas ma saan ühendust võtta rannavalvega?
(Koo-i-das mah sahn ü-hen-doost võt-tah rahn-nah-val-veh-gah?)

393. I'd like to report a noise complaint.
Sooviksin esitada müra kaebuse.
(Soo-vik-sin eh-si-tah-dah mü-ra kah-eh-boo-seh.)

394. I need to contact child protective services.
Ma pean võtma ühendust lastekaitsega.
(Mah pe-an võt-mah ü-hen-doost lah-ste-kait-se-gah.)

395. Is there a hotline for disaster relief?
Kas on olemas hädaabi infoliin katastroofide jaoks?
(Kas on oh-leh-mas hä-dah-ah-bee in-foh-leen kah-tahs-troof-ee-deh yah-oks?)

> **Fun Fact:** Estonia has a digital society, with e-residency available to non-Estonians.

396. I want to report a hazardous situation.
Ma tahan teatada ohtlikust olukorrast.
(Mah tah-han tea-tah-dah oht-lee-koost oh-loo-kor-rast.)

397. I need to reach the environmental agency.
Ma pean ühendust võtma keskkonnaametiga.
(Mah pe-an ü-hen-doost võt-mah kehs-kon-nah-ah-me-ti-gah.)

> **Travel Story:** While sampling black bread, a baker mentions "Leib on laua süda" (Bread is the heart of the table), sharing the significance of bread in Estonian daily life and cuisine.

Medical Emergencies

398. I'm feeling very ill.
Ma tunnen end väga haigena.
(Mah toon-nen end vä-gah hai-ge-na.)

399. There's been an accident; we need a medic.
Toimus õnnetus; me vajame meditsiinilist abi.
(Toi-moos õn-ne-toos; meh vah-yah-meh me-di-tsee-nee-list ah-bee.)

400. Call 112; it's a medical emergency.
Helistage 112; see on meditsiiniline hädaolukord.
(He-lis-tah-geh 112; seh on me-di-tsee-nee-li-ne hä-dah-oh-loo-kord.)

> **Fun Fact:** Estonian has 14 noun cases.

401. We need an ambulance right away.
Meil on kohe kiirabi vaja.
(Mayl on koh-heh keer-ah-bee vah-yah.)

402. I'm having trouble breathing.
Mul on hingamisraskused.
(Mool on hin-gah-mees-ras-koo-sed.)

403. Someone has lost consciousness.
Keegi on teadvuse kaotanud.
(Key-gee on teh-ahd-voo-se kah-oh-tah-nood.)

404. I think it's a heart attack; call for help.
Ma arvan, et see on südameatakk; kutsuge abi.
(Mah ar-vahn et seh on sü-dah-meh-ah-takk; koot-soo-geh ah-bee.)

405. There's been a severe injury.
On toimunud tõsine vigastus.
(On toi-moo-nood tõ-see-ne vi-gahs-toos.)

406. I need immediate medical attention.
Mul on vaja kohest meditsiinilist abi.
(Mool on vah-yah koh-hes-t me-di-tsee-nee-list ah-bee.)

407. Is there a first-aid station nearby?
Kas läheduses on esmaabi punkt?
(Kas lä-heh-doo-ses on es-mah-ah-bee poonkt?)

> **Idiomatic Expression:** "Kaelast üle käia."
> Meaning: "To overwhelm someone."
> (Literal translation: "To walk over someone's neck.")

Fire and Safety

408. There's a fire; call 112!
     Tulekahju; helistage 112!
     (Too-le-kah-yoo; he-lis-tah-geh 112!)

409. We need to evacuate the building.
     Me peame hoone evakueerima.
     (Meh peh-ah-meh ho-ne eh-va-kwee-ree-mah.)

410. Fire extinguisher, quick!
     Tulekustuti, kiiresti!
     (Too-le-koos-too-tee, kee-rehs-tee!)

411. I smell gas; we need to leave.
     Ma tunnen gaasi lõhna; me peame lahkuma.
     (Mah toon-nen gah-see lõh-nah; meh peh-ah-meh lah-koo-mah.)

> **Fun Fact:** Estonia has a free public transport system for residents in the capital city, Tallinn.

412. Can you contact the fire department?
     Kas saate tuletõrjeosakonnaga ühendust võtta?
     (Kas sah-teh too-le-tõr-yeh-oh-sah-kon-nah-gah ü-hen-doost võt-tah?)

413. There's a hazardous spill; we need help.
     Ohtlik leke on toimunud; me vajame abi.
     (Oht-lik leh-keh on toy-moo-nood; meh vah-yah-meh ah-bee.)

414. Is there a fire escape route?
     Kas on olemas tulekahju evakuatsioonitee?
     (Kas on oh-leh-mas too-le-kah-yoo eh-va-koo-ah-tsee-oh-nee-teh?)

415. This area is not safe; we need to move.
See ala ei ole ohutu; me peame liikuma.
(Seh ah-lah eh ee oh-leh oh-hoo-too; meh peh-ah-meh lee-koo-mah.)

416. Alert, there's a potential explosion.
Hoiatus, on plahvatuse oht.
(Hoy-ah-toos, on plah-va-too-seh oht.)

417. I see smoke; we need assistance.
Ma näen suitsu; me vajame abi.
(Mah neh-en soo-it-soo; meh vah-yah-meh ah-bee.)

Natural Disasters

418. It's an earthquake; take cover!
See on maavärin; otsige varju!
(Seh on mah-vah-rin; ot-see-geh var-yoo!)

419. We're experiencing a tornado; find shelter.
Me kogeme tornaadot; otsige varjupaika.
(Meh ko-heh-meh tor-nah-oh-doh; ot-see-geh var-yoo-pah-i-kah.)

420. Flood warning; move to higher ground.
Üleujutuse hoiatus; liikuge kõrgemale maale.
(Ü-le-oo-yoo-too-seh hoy-ah-toos; lee-koo-geh kõr-ge-mah-leh mah-leh.)

421. We need to prepare for a hurricane.
Me peame orkaani jaoks valmistuma.
(Meh peh-ah-meh or-kah-nee yah-oks vahl-mis-too-mah.)

422. This is a tsunami alert; head inland.
See on tsunami hoiatus; liikuge sisemaale.
(Seh on tsoo-nah-mee hoy-ah-toos; lee-koo-geh see-seh-mah-ah-leh.)

> **Fun Fact:** The national bird of Estonia is the barn swallow.

423. It's a wildfire; evacuate immediately.
See on metsatulekahju; evakueerige kohe.
(Seh on meh-tsah-too-le-kah-yoo; eh-va-koo-eh-ree-geh koh-heh.)

424. There's a volcanic eruption; take precautions.
Toimub vulkaanipurse; võtke ettevaatusabinõud.
(Toy-moob vool-kah-nee-poor-seh; võt-keh eht-teh-vah-too-sah-bee-nõud.)

425. We've had an avalanche; help needed.
Toimus lumelaviin; abi on vajalik.
(Toy-moos loo-meh-lah-veen; ah-bee on vah-yah-lik.)

426. Earthquake aftershock; stay indoors.
Maavärina järeltõuge; püsige siseruumides.
(Mah-väh-ree-nah yä-rel-tõu-geh; pü-see-geh see-seh-roo-mee-dehs.)

427. Severe thunderstorm; seek shelter.
Tugev äikesetorm; otsige varjupaika.
(Too-gev äi-keh-seh-torm; ot-see-geh var-yoo-pah-i-kah.)

Emergency Services Information

428. What's the emergency hotline number?
 Mis on hädaabi infotelefon?
 (Mis on hä-dah-ah-bee in-foh-teh-leh-fon?)

429. Where's the nearest police station?
 Kus on lähim politseijaoskond?
 (Koos on lä-heem po-leet-sei-yah-os-kond?)

430. How do I contact the fire department?
 Kuidas ma saan pöörduda tuletõrje poole?
 (Koo-i-dahs mah sahn pöör-doo-dah too-le-tõr-yeh poh-oh-leh?)

431. Is there a hospital nearby?
 Kas lähedal on haigla?
 (Kas lä-heh-dahl on haig-lah?)

432. What's the number for poison control?
 Mis on mürkainete kontrolli number?
 (Mis on mürr-kah-ee-neh-teh kon-troll-lee noom-ber?)

433. Where can I find a disaster relief center?
 Kus ma leian katastroofiabi keskuse?
 (Koos mah lei-ahn ka-tah-stroh-fee-ah-bee keh-skoo-seh?)

> **Fun Fact:** Estonia competes in the Wife Carrying World Championships; the sport originated in Finland.

434. What's the local emergency radio station?
    Mis on kohalik hädaolukordade raadiojaam?
    (Mis on koh-ah-lik hä-dah-oh-loo-kor-dah-deh rah-dioh-yahm?)

435. Are there any shelters in the area?
    Kas piirkonnas on varjupaiku?
    (Kas pee-irk-on-nas on var-yoo-pah-ik-oo?)

436. Who do I call for road assistance?
    Kellele ma helistan teeabi saamiseks?
    (Keh-leh-leh mah heh-lis-tahn teh-ah-bee sah-mee-seks?)

437. How can I reach search and rescue teams?
    Kuidas ma saan ühendust võtta otsingu- ja päästemeeskondadega?
    (Koo-i-das mah sahn ühen-doost võt-tah ot-sin-goo- yah pääs-te-mees-kon-dah-deh-gah?)

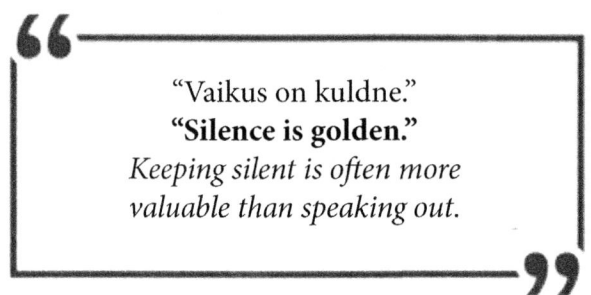

"Vaikus on kuldne."
"Silence is golden."
Keeping silent is often more valuable than speaking out.

Interactive Challenge: Emergencies Quiz

1. How do you say "emergency" in Estonian?

   a) Õun
   b) Hädaolukord
   c) Juust
   d) Rand

2. What's the Estonian word for "ambulance"?

   a) Auto
   b) Jalgratas
   c) Kiirabi
   d) Kool

3. If you need immediate medical attention, what should you say in Estonian?

   a) Mul on leiba vaja
   b) Kus on metroojaam?
   c) Mul on kohe meditsiinilist abi vaja

4. How do you ask "Is there a hospital nearby?" in Estonian?

   a) Kus on kino?
   b) Kas teil on pliiats?
   c) Kas lähedal on haigla?

5. What's the Estonian word for "police"?

   a) Õun
   b) Politsei
   c) Rong

6. How do you say "fire" in Estonian?

   a) Päike
   b) Koer
   c) Tulekahju
   d) Raamat

7. If you've witnessed an accident, what phrase can you use in Estonian?

   a) Mul on šokolaadi vaja
   b) Ma nägin õnnetust
   c) Mulle meeldivad lilled
   d) See on minu kodu

8. What's the Estonian word for "help"?

   a) Hüvasti
   b) Tere hommikust
   c) Aitäh
   d) Abi

9. How would you say "I've been robbed; I need the authorities" in Estonian?

   a) Ma sõin juustu
   b) Mind rööviti; mul on vaja ametivõime
   c) See on ilus mägi

10. How do you ask "Can you call an ambulance, please?" in Estonian?

    a) Kas saate takso kutsuda, palun?
    b) Kas saate mulle soola anda?
    c) Kas saate kiirabi kutsuda, palun?

11. What's the Estonian word for "emergency services"?

a) Hädaabiteenused
b) Maitsev kook
c) Kerge

12. How do you say "reporting an accident" in Estonian?

a) Laulma
b) Raamatut lugema
c) Õnnetusest teatamine

13. If you need to contact the fire department, what should you say in Estonian?

a) Kuidas raamatukokku jõuda?
b) Ma pean ühendust võtma tuletõrjega
c) Ma otsin oma sõpra

14. What's the Estonian word for "urgent"?

a) Väike
b) Ilus
c) Kiire
d) Kiireloomuline

15. How do you ask for the nearest police station in Estonian?

a) Kus on lähim pagarikoda?
b) Kus on lähim politseijaoskond?
c) Kas teil on kaarti?
d) Mis kell on?

Correct Answers:

1. b)
2. c)
3. c)
4. c)
5. b)
6. c)
7. b)
8. d)
9. b)
10. c)
11. a)
12. c)
13. b)
14. d)
15. b)

EVERYDAY CONVERSATIONS

- SMALL TALK AND CASUAL CONVERSATIONS -
- DISCUSSING THE WEATHER, HOBBIES, AND INTERESTS -
- MAKING PLANS WITH FRIENDS OR ACQUAINTANCES -

Small Talk

438. How's it going?
Kuidas läheb?
(Koo-i-das lä-heb?)

439. Nice weather we're having, isn't it?
Ilus ilm on täna, kas pole?
(Ee-loos eelm on tä-nah, kas po-le?)

440. Have any exciting plans for the weekend?
On sul põnevaid plaane nädalavahetuseks?
(On sool põ-ne-vaid pla-ne nä-da-la-va-he-tuseks?)

441. Did you catch that new movie?
Kas sa nägid seda uut filmi?
(Kas sa nä-gid se-da oot feel-me?)

442. How's your day been so far?
Kuidas su päev seni on läinud?
(Koo-i-das soo pä-ev se-nee on lä-i-nud?)

443. What do you do for work?
Mida sa tööks teed?
(Mee-da sa tööks teed?)

444. Do you come here often?
Kas sa käid siin tihti?
(Kas sa kä-id see-n tihti?)

445. Have you tried the food at this place before?
Kas sa oled siin varem toitu proovinud?
(Kas sa o-led see-n va-rem too-ee-too proo-vi-nud?)

446. Any recommendations for things to do in town?
Kas on soovitusi, mida linnas teha?
(Kas on soo-vi-tu-see, mee-da lin-nas teh-ha?)

447. Do you follow any sports teams?
Kas sa jälgid mõnda spordimeeskonda?
(Kas sa jäl-gid mõn-da spor-dee-mees-kon-da?)

448. Have you traveled anywhere interesting lately?
Kas sa oled hiljuti kusagil huvitavas käinud?
(Kas sa o-led hil-yoo-ti koo-sa-gil hoo-vi-ta-vas kä-i-nud?)

449. Do you enjoy cooking?
Kas sa naudid kokkamist?
(Kas sa nau-did kok-ka-mist?)

> **Travel Story:** At a Christmas market in Tallinn, a vendor selling mulled wine cheers with "Terviseks!" (To health!), teaching visitors the common Estonian toast.

Casual Conversations

450. What's your favorite type of music?
Mis on su lemmikmuusika žanr?
(Mis on soo lem-mik-muu-see-ka zhanr?)

> **Fun Fact:** Estonia has more than 1,500 lakes.

451. How do you like to spend your free time?
 Kuidas sa meeldib vaba aega veeta?
 (Koo-i-das sa meel-dib va-ba ae-ga vee-ta?)

452. Do you have any pets?
 Kas sul on lemmikloomi?
 (Kas sul on lem-mik-loo-mi?)

453. Where did you grow up?
 Kus sa üles kasvasid?
 (Kus sa ü-les kas-va-sid?)

454. What's your family like?
 Milline on sinu pere?
 (Mil-li-ne on si-nu pe-re?)

455. Are you a morning person or a night owl?
 Kas sa oled hommikuinimene või öökull?
 (Kas sa o-led hom-mi-ku-i-ni-mene või öö-kull?)

456. Do you prefer coffee or tea?
 Eelistad sa kohvi või teed?
 (Ee-lis-tad sa koh-vi või teed?)

457. Are you into any TV shows right now?
 Kas sa jälgid praegu mõnda telesaadet?
 (Kas sa jälg-id prae-gu mõn-da te-le-saa-det?)

> **Idiomatic Expression:** "Aeg parandab haavad."
> Meaning: "Time heals all wounds."
> (Literal translation: "Time heals wounds.")

458. What's the last book you read?
Mis oli viimane raamat, mida sa lugesid?
(Mis o-li vii-ma-ne raa-mat, mi-da sa lu-ge-sid?)

459. Do you like to travel?
Kas sulle meeldib reisida?
(Kas sul-le meel-dib rei-si-da?)

460. Are you a fan of outdoor activities?
Kas sa oled vabaõhu tegevuste fänn?
(Kas sa o-led va-ba-õ-hu te-ge-vus-te fänn?)

461. How do you unwind after a long day?
Kuidas sa lõdvestud pika päeva järel?
(Koo-i-das sa lõd-ves-tud pi-ka päe-va jä-rel?)

Discussing the Weather

462. Can you believe this heat/cold?
Kas sa usud seda kuumust/külma?
(Kas sa u-sud se-da kuu-must/kül-ma?)

463. I heard it's going to rain all week.
Olen kuulnud, et terve nädala sajab.
(O-len kuul-nud, et ter-ve nä-da-la sa-jab.)

464. What's the temperature like today?
Mis temperatuur täna on?
(Mis tem-pe-ra-tuur tä-na on?)

465. Do you like sunny or cloudy days better?
Kas sulle meeldivad rohkem päikeselised või pilvised päevad?
(Kas sul-le meel-di-vad roh-kem päi-ke-se-lised või pil-vi-sed päe-vad?)

466. Have you ever seen a snowstorm like this?
Kas sa oled kunagi näinud sellist lumetormi?
(Kas sa o-led ku-na-gi näi-nud sel-list lu-me-tor-mi?)

467. Is it always this humid here?
Kas siin on alati nii niiske?
(Kas siin on a-la-ti nii niis-ke?)

468. Did you get caught in that thunderstorm yesterday?
Kas sa jäid eile äikesetormi kätte?
(Kas sa jäid ei-le äi-ke-se-tor-mi kät-te?)

469. What's the weather like in your hometown?
Milline on ilm sinu kodulinnas?
(Mil-line on ilm si-nu ko-du-lin-nas?)

470. I can't stand the wind; how about you?
Ma ei talu tuult; mis sina arvad?
(Ma ei ta-lu tuult; mis si-na ar-vad?)

471. Is it true the winters here are mild?
Kas on tõsi, et siin on talved leebemad?
(Kas on tõ-si, et siin on tal-ved lee-be-mad?)

472. Do you like beach weather?
Kas sulle meeldib rannailm?
(Kas sul-le meel-dib ran-na-ilm?)

473. How do you cope with the humidity in summer?
Kuidas sa toime tuled suvise niiskusega?
(Kui-das sa toi-me tu-led su-vi-se nii-skuse-ga?)

Hobbies

474. What are your hobbies or interests?
Mis on sinu hobid või huvid?
(Mis on si-nu ho-bid või hu-vid?)

475. Do you play any musical instruments?
Kas sa mängid mõnda muusikainstrumenti?
(Kas sa män-gid mõn-da muu-si-ka-ins-tru-men-ti?)

476. Have you ever tried painting or drawing?
Kas sa oled kunagi proovinud maalimist või joonistamist?
(Kas sa o-led ku-na-gi proo-vi-nud maa-li-mist või joo-nis-ta-mist?)

477. Are you a fan of sports?
Kas sa oled spordifänn?
(Kas sa o-led spor-di-fänn?)

478. Do you enjoy cooking or baking?
Kas sulle meeldib kokkamine või küpsetamine?
(Kas sul-le meel-dib kok-ka-mi-ne või küp-se-ta-mi-ne?)

479. Are you into photography?
Kas sa huvitud fotograafiast?
(Kas sa hoo-vi-tud fo-to-graa-fiast?)

480. Have you ever tried gardening?
Kas sa oled kunagi aiandusega tegelenud?
(Kas sa o-led ku-na-gi ai-an-du-se-ga te-ge-le-nud?)

481. Do you like to read in your free time?
Kas sulle meeldib vabal ajal lugeda?
(Kas sul-le meel-dib va-bal a-jal lu-ge-da?)

482. Have you explored any new hobbies lately?
Kas sa oled hiljuti uusi hobisid avastanud?
(Kas sa o-led hil-joo-ti uu-si ho-bi-sid a-vas-ta-nud?)

483. Are you a collector of anything?
Kas sa kogud midagi?
(Kas sa ko-gud mi-da-gi?)

484. Do you like to watch movies or TV shows?
Kas sulle meeldib vaadata filme või telesaateid?
(Kas sul-le meel-dib vaa-da-ta fil-me või te-le-saa-te-id?)

485. Have you ever taken up a craft project?
Kas sa oled kunagi käsitööprojekti ette võtnud?
(Kas sa o-led ku-na-gi käs-i-töö-pro-jek-ti et-te võt-nud?)

> **Idiomatic Expression:** "Hane selga vesi."
> Meaning: "Criticism doesn't affect the person at all."
> (Literal translation: "Water off a goose's back.")

Interests

486. What topics are you passionate about?
Millistel teemadel sa kirglik oled?
(Mil-lis-tel tee-ma-del sa kirg-lik o-led?)

487. Are you involved in any social causes?
Kas sa oled kaasatud mõnda sotsiaalsesse ettevõtmisesse?
(Kas sa o-led kaa-sa-tud mõn-da sot-siaal-ses-se et-te-võt-mi-ses-se?)

488. Do you enjoy learning new languages?
Kas sulle meeldib uusi keeli õppida?
(Kas sul-le meel-dib uu-si kee-li õp-pi-da?)

489. Are you into fitness or wellness?
Kas sa huvitud fitnessist või tervislikust eluviisist?
(Kas sa hoo-vi-tud fit-nes-sist või ter-vis-lik-ust e-luu-vii-sist?)

490. Are you a technology enthusiast?
Kas sa oled tehnoloogiahuviline?
(Kas sa o-led teh-no-loo-gia-hoo-vi-li-ne?)

491. What's your favorite genre of books or movies?
Mis on sinu lemmikžanr raamatutes või filmides?
(Mis on si-nu lem-mik-zhanr raa-ma-tu-tes või fil-mi-des?)

492. Do you follow current events or politics?
Kas sa jälgid aktuaalseid sündmusi või poliitikat?
(Kas sa jäl-gid ak-tuaal-seid sünd-mu-si või po-lii-ti-kat?)

493. Are you into fashion or design?
Kas sa huvitud moest või disainist?
(Kas sa hoo-vi-tud mo-est voi di-sai-nist?)

494. Are you a history buff?
Kas sa oled ajaloo huviline?
(Kas sa o-led a-ja-loo hoo-vi-li-ne?)

495. Have you ever been involved in volunteer work?
Kas sa oled kunagi vabatahtlikus töös osalenud?
(Kas sa o-led ku-na-gi va-ba-taht-li-kus töös o-sa-le-nud?)

496. Are you passionate about cooking or food culture?
Kas sa oled kirglik kokkamise või toidukultuuri suhtes?
(Kas sa o-led kirg-lik kok-ka-mi-se voi toi-du-kul-tuu-ri soo-tes?)

497. Are you an advocate for any specific hobbies or interests?
Kas sa pooldad mingeid kindlaid hobisid või huvisid?
(Kas sa pool-dad min-geid kin-dlaid ho-bi-sid voi huu-vi-sid?)

> **Idiomatic Expression:** "Kõik ühe, üks kõigi eest."
> Meaning: "All for one, one for all."
> (Literal translation: "All for one, one for all.")

Making Plans

498. Would you like to grab a coffee sometime?
Kas sa tahaksid kunagi kohvi jooma minna?
(Kas sa tahak-sid ku-na-gi koh-vi joo-ma min-na?)

499. Let's plan a dinner outing this weekend.
Planeerime selleks nädalavahetuseks õhtusöögi väljas.
(Pla-ne-ri-me sel-leks nä-da-la-va-he-tu-seks õh-tu-söö-gi väl-jas.)

500. How about going to a movie on Friday night?
Mis sa arvad reede õhtul kinno minemisest?
(Mis sa ar-vad ree-de õh-tul kin-no mi-ne-mi-sest?)

501. Do you want to join us for a hike next weekend?
Kas sa tahaksid järgmisel nädalavahetusel meiega matkale tulla?
(Kas sa tahak-sid järg-mi-sel nä-da-la-va-he-tu-sel mei-ega mat-ka-le tul-la?)

502. We should organize a game night soon.
Peaksime varsti mänguõhtu korraldama.
(Pea-ksi-me var-sti män-gu-õh-tu kor-ral-da-ma.)

503. Let's catch up over lunch next week.
Kohtume järgmisel nädalal lõunasöögil.
(Koh-tu-me järg-mi-sel nä-da-lal lõu-na-söö-gil.)

504. Would you be interested in a shopping trip?
Kas sa oleksid huvitatud osturetkest?
(Kas sa o-lek-sid hoo-vi-ta-tud os-tu-ret-kest?)

505. I'm thinking of visiting the museum; care to join?
Mõtlen muuseumi külastada; kas tahad liituda?
(Mõt-len muu-seu-mi kül-las-ta-da; kas tah-ad lii-tu-da?)

506. How about a picnic in the park?
Kuidas oleks piknikuga pargis?
(Koo-i-das o-leks pik-nee-koo-ga par-gis?)

Fun Fact: The Estonian language has no future tense.

507. Let's get together for a study session.
Kohtugem õppesessiooni jaoks.
(Koh-tu-gem õp-pe-ses-sioo-ni ya-oks.)

508. We should plan a beach day this summer.
Peaksime selleks suveks rannapäeva planeerima.
(Pea-ksi-me sel-leks su-veks ran-na-päe-va pla-nee-ri-ma.)

509. Want to come over for a barbecue at my place?
Kas tahad tulla minu juurde grillima?
(Kas tah-ad tul-la mi-nu yuu-rde gril-li-ma?)

> "Tee tööd, siis tuleb ka armastus."
> **"Do the work, then love will come."**
> *Advocates for dedication and hard work as the foundation for future rewards and fulfillment.*

Interactive Challenge: Everyday Conversations
(Link each English word with their corresponding meaning in Estonian)

1) Conversation — Arutelu

2) Greeting — Vastus

3) Question — Tervitamine

4) Answer — Vestlus

5) Salutation — Väike Jutuajamine

6) Communication — Kõne

7) Dialogue — Arvamuste Vahetus

8) Small Talk — Avaldus

9) Discussion — Suhtlemine

10) Speech — Tervitus

11) Language — Dialoog

12) Exchange of Opinions — Ideede Jagamine

13) Expression — Küsimus

14) Casual Conversation — Vaba Vestlus

15) Sharing Ideas — Keel

Correct Answers:

1. Conversation - Vestlus
2. Greeting - Tervitus
3. Question - Küsimus
4. Answer - Vastus
5. Salutation - Tervitamine
6. Communication - Suhtlemine
7. Dialogue - Dialoog
8. Small Talk - Väike Jutuajamine
9. Discussion - Arutelu
10. Speech - Kõne
11. Language - Keel
12. Exchange of Opinions - Arvamuste Vahetus
13. Expression - Avaldus
14. Casual Conversation - Vaba Vestlus
15. Sharing Ideas - Ideede Jagamine

BUSINESS & WORK

- INTRODUCING YOURSELF IN A PROFESSIONAL SETTING -
- DISCUSSING WORK-RELATED TOPICS -
- NEGOTIATING BUSINESS DEALS OR CONTRACTS -

Professional Introductions

510. Hi, I'm [Your Name].
Tere, mina olen [Sinu Nimi].
(Teh-re, mee-na o-len [See-nu Nee-mi].)

511. What do you do for a living?
Millega te elatist teenite?
(Mee-lle-ga te eh-la-tist tee-nee-te?)

512. What's your role in the company?
Mis on teie roll ettevõttes?
(Mis on tei-e roll et-te-võt-tes?)

513. Can you tell me about your background?
Kas saate mulle oma tausta rääkida?
(Kas saa-te mul-le o-ma taus-ta rää-ki-da?)

514. Are you familiar with our team?
Kas olete meie meeskonnaga tuttav?
(Kas o-le-te mei-e mee-skon-na-ga tut-tav?)

515. May I introduce myself?
Kas ma võin end tutvustada?
(Kas ma voi-n end tut-vus-ta-da?)

516. I work in [Your Department].
Töötan [Sinu Osakonnas].
(Töö-tan [See-nu O-sa-kon-nas].)

517. How long have you been with the company?
Kui kaua olete ettevõttes töötanud?
(Kui kau-a o-le-te et-te-võt-tes töö-ta-nud?)

518. This is my colleague, [Colleague's Name].
See on minu kolleeg, [Kolleegi Nimi].
(Se-e on mee-nu kol-leeg, [Kol-le-egi Nee-mi].)

519. Let me introduce you to our manager.
Lubage mul teid meie juhiga tutvustada.
(Lu-ba-ge mul te-id mei-e joo-hi-ga tut-vus-ta-da.)

> **Travel Story:** On a ferry to Hiiumaa, a local shares "Meri ühendab meid" (The sea unites us), reflecting on Estonia's maritime heritage and the importance of ferries in connecting its islands.

Work Conversations

520. Can we discuss the project?
Kas me võime projekti arutada?
(Kas me voi-me pro-jek-ti a-ru-ta-da?)

521. Let's go over the details.
Vaatame üksikasjad üle.
(Vaa-ta-meük-si-kas-jad ü-le.)

522. What's the agenda for the meeting?
Mis on koosoleku päevakord?
(Mis on koo-so-le-ku päe-va-kord?)

523. I'd like your input on this.
Sooviksin teie arvamust selle kohta.
(Soo-vik-sin tei-e ar-va-must sel-le koh-ta.)

524. We need to address this issue.
Me peame selle küsimusega tegelema.
(Meh peh-ame sel-le kü-si-mu-se-ga teh-ge-le-ma.)

525. How's the project progressing?
Kuidas projekt edeneb?
(Kui-das pro-jekt eh-de-neb?)

526. Do you have any updates for me?
Kas teil on minu jaoks uuendusi?
(Kas teil on mee-nu ja-oks uu-en-du-si?)

527. Let's brainstorm some ideas.
Paneme mõned ideed kokku.
(Pa-ne-me mõ-ned ee-deed kok-ku.)

528. Can we schedule a team meeting?
Kas me saame meeskonna koosolekut ajastada?
(Kas me saa-me mees-kon-na koo-so-le-ku a-jas-ta-da?)

529. I'm open to suggestions.
Olen ettepanekutele avatud.
(O-len et-te-pa-nek-u-te-le a-va-tud.)

Business Negotiations

530. We need to negotiate the terms.
Me peame tingimusi läbirääkima.
(Meh peh-ame ting-i-mu-si lä-bi-rää-ki-ma.)

531. What's your offer?
Mis on teie pakkumine?
(Mis on tei-e pak-ku-mi-ne?)

532. Can we find a middle ground?
Kas me leiame kompromissi?
(Kas me lei-a-me kom-pro-mis-si?)

> **Idiomatic Expression:** "Kus suitsu, seal tuld."
> Meaning: "Where there's smoke, there's fire."
> (Literal translation: "Where smoke, there fire.")

533. Let's discuss the contract.
Arutame lepingut.
(A-ru-ta-me le-pin-gut.)

534. Are you flexible on the price?
Kas olete hinnas paindlik?
(Kas o-le-te hin-nas paind-lik?)

535. I'd like to propose a deal.
Sooviksin pakkuda tehingut.
(Soo-vik-sin pak-ku-da teh-ing-ut.)

536. We're interested in your terms.
Oleme huvitatud teie tingimustest.
(O-le-me huv-i-ta-tud tei-e ting-i-mus-test.)

537. Can we talk about the agreement?
Kas me saame lepingust rääkida?
(Kas me saa-me le-pin-gust rää-ki-da?)

> **Fun Fact:** Estonia is the only Baltic country with far-reaching and deep-rooted island culture.

538. Let's work out the details.
Töötame detailid välja.
(Töö-ta-me de-tai-lid väl-ja.)

539. What are your conditions?
Millised on teie tingimused?
(Mil-li-sed on tei-e ting-i-mu-sed?)

540. We should reach a compromise.
Peaksime jõudma kompromissini.
(Peak-si-me jõud-ma kom-pro-mis-si-ni.)

> **Fun Fact:** The Estonian national epic is called "Kalevipoeg" (The Son of Kalev).

Workplace Etiquette

541. Remember to be punctual.
Pea meeles olla täpne.
(Pe-a mee-les ol-la täp-ne.)

542. Always maintain a professional demeanor.
Hoidke alati professionaalset hoiakut.
(Hoi-dke a-la-ti pro-fes-sio-naal-set hoi-a-kut.)

543. Respect your colleagues' personal space.
Austage kolleegide isiklikku ruumi.
(Aus-ta-ge kol-le-e-gi-de isik-lik-ku ruu-mi.)

> **Fun Fact:** There are no mountains in Estonia; the highest point is Suur Munamägi, only 318 meters tall.

544. Dress appropriately for the office.
Riietu kontorisse sobivalt.
(Rii-e-tu kon-to-ris-se so-bi-valt.)

545. Follow company policies and guidelines.
Järgige ettevõtte poliitikaid ja juhiseid.
(Jär-gi-ge et-te-võt-te po-lii-ti-kaid ja ju-hi-seid.)

546. Use respectful language in conversations.
Kasutage vestlustes viisakat keelt.
(Ka-su-ta-ge ves-tlus-tes vii-sa-kat keelt.)

547. Keep your workspace organized.
Hoidke oma tööala korras.
(Hoi-dke o-ma töö-a-la kor-ras.)

548. Be mindful of office noise levels.
Olge teadlikud kontori müratasemest.
(Ol-ge tead-li-kud kon-to-ri mü-ra-ta-se-mest.)

549. Offer assistance when needed.
Pakkuge abi vajadusel.
(Pak-ku-ge a-bi va-ja-du-sel.)

550. Practice good hygiene at work.
Järgige tööl head hügieeni.
(Jär-gi-ge tööl head hü-giee-ni.)

551. Avoid office gossip and rumors.
Vältige kontori kuulujutte ja kuulujutte.
(Väl-ti-ge kon-to-ri kuu-lu-jut-te ja kuu-lu-jut-te.)

Job Interviews

552. Tell me about yourself.
Räägi mulle endast.
(Rää-gi mul-le en-dast.)

553. What are your strengths and weaknesses?
Mis on sinu tugevused ja nõrkused?
(Mis on si-nu tu-ge-vu-sed ja nõr-ku-sed?)

554. Describe your relevant experience.
Kirjelda oma asjakohast kogemust.
(Kir-jel-da o-ma as-ja-koh-ast ko-ge-must.)

555. Why do you want to work here?
Miks sa tahad siin töötada?
(Miks sa ta-had siin töö-ta-da?)

556. Where do you see yourself in five years?
Kus sa näed ennast viie aasta pärast?
(Kus sa nä-ed en-nast vi-ie as-ta pär-ast?)

557. How do you handle challenges at work?
Kuidas sa tööl väljakutsetega toime tuled?
(Kui-das sa tööl väl-ja-kut-se-te-ga toi-me tu-led?)

558. What interests you about this position?
Mis sind selle ametikoha juures huvitab?
(Mis sind sel-le a-me-ti-ko-ha juu-res huv-i-tab?)

559. Can you provide an example of your teamwork?
Kas saate anda näite oma meeskonnatööst?
(Kas saa-te an-da näi-te o-ma mees-kon-na-tööst?)

560. What motivates you in your career?
Mis motiveerib sind su karjääris?
(Mis mo-ti-vee-rib sind su kar-jää-ris?)

561. Do you have any questions for us?
Kas sul on meie kohta küsimusi?
(Kas sul on mei-e koh-ta kü-si-mu-si?)

562. Thank you for considering me for the role.
Tänan, et kaalute mind sellele rollile.
(Tä-nan, et kaa-lu-te mind sel-le rol-lile.)

Office Communication

563. Send me an email about it.
Saada mulle selle kohta e-kiri.
(Saa-da mul-le sel-le koh-ta e-ki-ri.)

564. Let's schedule a conference call.
Paneme telekonverentsi aja kinni.
(Pa-ne-me te-le-kon-verent-si a-ja kin-ni.)

565. Could you clarify your message?
Kas saaksite oma sõnumit täpsustada?
(Kas saak-si-te o-ma sõ-nu-mit täp-sus-ta-da?)

566. I'll forward the document to you.
Ma edastan teile dokumendi.
(Ma e-das-tan tei-le do-ku-men-di.)

567. Please reply to this message.
Palun vastake sellele sõnumile.
(Pa-lun vas-ta-ke sel-le-le sõ-nu-mi-le.)

568. We should have a team meeting.
Me peaksime korraldama meeskonna koosoleku.
(Me pea-ksi-me kor-ral-da-ma mees-kon-na koo-so-le-ku.)

> **Idiomatic Expression:** "Kes kannatab, see kaua elab."
> Meaning: "Patience is a virtue."
> (Literal translation: "He who suffers lives long.")

569. Check your inbox for updates.
Kontrollige oma postkasti uuenduste jaoks.
(Kon-trol-li-ge o-ma post-kas-ti uuen-dus-te ja-oks.)

570. I'll copy you on the correspondence.
Ma lisasin teid kirjavahetusele.
(Ma li-sa-sin teid kir-ja-va-he-tu-se-le.)

571. I'll send you the meeting agenda.
Ma saadan teile koosoleku päevakorra.
(Ma saa-dan tei-le koo-so-le-ku päe-va-kor-ra.)

572. Use the internal messaging system.
Kasutage sisemist sõnumisüsteemi.
(Ka-su-ta-ge si-se-mist sõ-nu-mi-süs-tee-mi.)

573. Keep everyone in the loop.
Hoidke kõiki teavitatuna.
(Hoi-dke kõi-ki te-a-vi-ta-tu-na.)

> "Hommik on õhtust targem."
> **"The morning is wiser than the evening."**
> *Suggests that after a night's rest, people are clearer in their thoughts and decisions.*

Cross Word Puzzle: Business & Work

(Provide the English translation for the following Estonian words)

Across

2. - ÜLEMUS
6. - TÖÖ
7. - MEESKOND
8. - TURUNDUS
9. - TÖÖTAJA
14. - LEPING

Down

1. - TULU
3. - TEENUSED
4. - KLIENT
5. - PALK
10. - TOODE
11. - KONTOR
12. - PROJEKT
13. - ÄRI

Correct Answers:

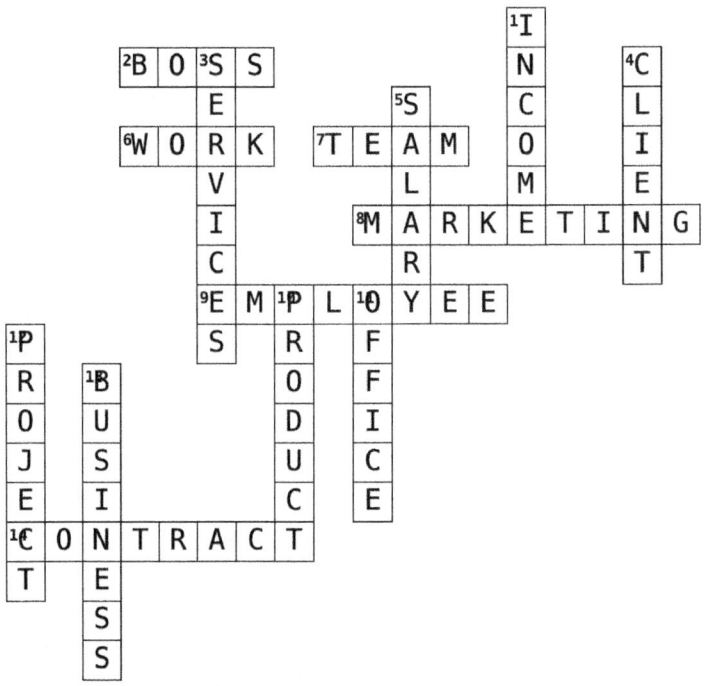

EVENTS & ENTERTAINMENT

- BUYING TICKETS FOR CONCERTS, MOVIES OR EVENTS -
- DISCUSSING ENTERTAINMENT & LEISURE ACTIVITIES -
- EXPRESSING JOY OR DISAPPOINTMENT WITH AN EVENT -

Ticket Purchases

574. I'd like to buy two tickets for the concert.
Ma sooviksin osta kaks piletit kontserdile.
(Ma soo-vik-sin os-ta kaks pi-le-tit kon-tser-di-le.)

575. Can I get tickets for the movie tonight?
Kas ma saan osta tänaseks õhtuks kinopiletid?
(Kas ma saan os-ta tä-na-seks õh-tuks ki-no-pi-le-tid?)

576. We need to book tickets for the upcoming event.
Me peame broneerima piletid tulevaseks ürituseks.
(Me pea-me bro-nee-ri-ma pi-le-tid tu-le-va-seks ü-ri-tu-seks.)

577. What's the price of admission?
Mis on sissepääsu hind?
(Mis on sis-se-pää-su hind?)

578. Do you offer any discounts for students?
Kas teil on tudengitele soodustusi?
(Kas teil on tu-den-gi-te-le soo-dus-tu-si?)

579. Are there any available seats for the matinee?
Kas matinee jaoks on vabu kohti?
(Kas ma-ti-nee ja-oks on va-bu koh-ti?)

580. How can I purchase tickets online?
Kuidas ma saan pileteid internetist osta?
(Kui-das ma saan pi-le-teid in-ter-ne-tist os-ta?)

581. Is there a box office nearby?
Kas läheduses on piletikassa?
(Kas lä-he-du-ses on pi-le-ti-kas-sa?)

582. Are tickets refundable if I can't attend?
Kas piletid on tagastatavad, kui ma ei saa osaleda?
(Kas pi-le-tid on ta-gas-ta-ta-vad, kui ma ei saa o-sa-le-da?)

583. Can I choose my seats for the show?
Kas ma saan valida oma kohad etenduse jaoks?
(Kas ma saan va-li-da oma ko-had e-ten-du-se ja-oks?)

584. Can I reserve tickets for the theater?
Kas ma saan teatripileteid broneerida?
(Kas ma saan tea-tri-pi-le-teid bro-nee-ri-da?)

585. How early should I buy event tickets?
Kui vara peaksin ma ürituse piletid ostma?
(Kui va-ra pea-ksin ma ü-ri-tu-se pi-le-tid os-tma?)

586. Are there any VIP packages available?
Kas VIP-paketid on saadaval?
(Kas VIP-pa-ke-tid on saa-da-val?)

587. What's the seating arrangement like?
Milline on istekohtade paigutus?
(Mil-line on is-te-koht-a-de pai-gu-tus?)

> **Idiomatic Expression:** "Töö kiidab tegijat."
> Meaning: "The work praises the worker."
> (Literal translation: "The work praises the doer.")

588. Is there a family discount for the movie?
Kas filmi jaoks on pere soodustus?
(Kas fil-mi ya-oks on pe-re soo-dus-tus?)

589. I'd like to purchase tickets for my friends.
Sooviksin osta piletid oma sõpradele.
(Soo-vik-sin os-ta pi-le-tid o-ma sõp-ra-de-le.)

> **Fun Fact:** Estonians invented a sport called kiiking, where competitors swing 360 degrees around a spindle.

590. Do they accept credit cards for tickets?
Kas nad aktsepteerivad krediitkaarte piletite eest?
(Kas nad ak-tsep-teer-i-vad kre-diit-kaar-te pi-le-ti-te eest?)

591. Are there any age restrictions for entry?
Kas sisenemisel on vanusepiirangud?
(Kas si-se-ne-mi-sel on va-nu-se-pii-ran-gud?)

592. Can I exchange my ticket for a different date?
Kas ma saan oma pileti vahetada teise kuupäeva vastu?
(Kas ma saan o-ma pi-le-ti va-he-ta-da te-i-se kuu-päe-va vas-tu?)

Leisure Activities

593. What do you feel like doing this weekend?
Mida sa tahaksid sel nädalavahetusel teha?
(Mi-da sa tahak-sid sel nä-da-la-va-he-tu-sel te-ha?)

594. Let's discuss our entertainment options.
Arutame meie meelelahutusvõimalusi.
(A-ru-ta-me meie mee-le-lah-u-tus-või-ma-lu-si.)

> **Fun Fact:** Estonia has a tradition of singing revolutions, contributing to its independence from the Soviet Union.

595. I'm planning a leisurely hike on Saturday.
Ma plaanin laupäeval rahuliku matka.
(Ma pla-nin lau-päe-val rah-u-li-ku mat-ka.)

596. Do you enjoy outdoor activities like hiking?
Kas sulle meeldib välistingimustes tegevused nagu matkamine?
(Kas sul-le meel-dib väl-tin-gi-mus-tes te-ge-vu-sed na-gu mat-ka-mi-ne?)

597. Have you ever tried indoor rock climbing?
Kas oled kunagi proovinud siseruumides kaljuronimist?
(Kas o-led ku-na-gi proo-vi-nud si-se-ruu-mi-des kal-ju-ro-ni-mist?)

598. I'd like to explore some new hobbies.
Sooviksin uurida mõningaid uusi hobisid.
(Soo-vik-sin uu-ri-da mõ-nin-gaid uu-si ho-bi-sid.)

599. What are your favorite pastimes?
Mis on sinu lemmik ajaviited?
(Mis on si-nu lem-mik a-ja-vii-ted?)

> **Cultural Insight:** Traditional Estonian food heavily features pork, potatoes, and black bread, with modern cuisine incorporating more fish and organic ingredients.

600. Are there any interesting events in town?
Kas linnas toimuvad huvitavad sündmused?
(Kas lin-nas toi-mu-vad hu-vi-ta-vad sünd-mu-sed?)

601. Let's check out the local art exhibition.
Vaatame kohalikku kunstinäitust.
(Vaa-ta-me ko-ha-lik-ku kun-sti-näi-tust.)

602. How about attending a cooking class?
Mis sa arvad kokanduskursusest osavõtust?
(Mis sa ar-vad ko-kan-dus-kur-su-sest o-sa-võ-tust?)

603. Let's explore some new recreational activities.
Uurime uusi vaba aja tegevusi.
(Uu-ri-me uu-si va-ba a-ja te-ge-vu-si.)

604. What's your go-to leisure pursuit?
Mis on sinu lemmik vaba aja tegevus?
(Mis on si-nu lem-mik va-ba a-ja te-ge-vus?)

605. I'm considering trying a new hobby.
Kaalun uue hobi proovimist.
(Kaa-lun uu-e ho-bi proo-vi-mist.)

606. Have you ever attended a painting workshop?
Kas oled osalenud maalitöötoas?
(Kas o-led o-sa-le-nud maa-li-töö-toas?)

Fun Fact: Tallinn's old town is a UNESCO World Heritage Site.

607. What's your favorite way to unwind?
Mis on sinu lemmikviis lõõgastumiseks?
(Mis on si-nu lem-mik-viis lõõ-gas-tu-mi-seks?)

608. I'm interested in joining a local club.
Olen huvitatud kohaliku klubiga liitumisest.
(O-len hu-vi-ta-tud ko-ha-li-ku klu-bi-ga lii-tu-mi-sest.)

609. Let's plan a day filled with leisure.
Planeerime vaba aja tegevustest tulvil päeva.
(Pla-neer-i-me va-ba a-ja te-ge-vus-test tul-vil päe-va.)

610. Have you ever been to a live comedy show?
Kas oled käinud live-komöödiaetendusel?
(Kas o-led käi-nud live-kom-öö-dia-e-ten-du-sel?)

611. I'd like to attend a cooking demonstration.
Sooviksin osaleda kokandusdemonstratsioonil.
(Soo-vik-sin o-sa-le-da ko-kan-dus-de-mons-trat-si-oo-nil.)

> **Fun Fact:** Estonia is home to the largest meteorite crater in Europe, the Kaali crater.

Event Reactions

612. That concert was amazing! I loved it!
See kontsert oli imeline! Mulle väga meeldis!
(Seh kon-tsert o-lee i-meh-li-ne! Mool-le vä-ga meel-dis!)

613. I had such a great time at the movie.
Mul oli filmi vaadates suurepärane aeg.
(Mool o-lee fil-mi vaa-da-tes soo-re-pä-ra-ne aeg.)

614. The event exceeded my expectations.
Üritus ületas minu ootusi.
(Ü-ri-tus ü-le-tas mi-nu oo-tu-si.)

615. I was thrilled by the performance.
Etendus vaimustas mind sügavalt.
(E-ten-dus vai-mus-tas mind syy-ga-valt.)

616. It was an unforgettable experience.
See oli unustamatu kogemus.
(Seh o-lee u-nus-ta-ma-tu ko-ge-mus.)

617. I can't stop thinking about that show.
Ma ei saa sellest etendusest mõtteid välja.
(Ma ei saa sel-lest e-ten-du-sest mõt-teid väl-ja.)

618. Unfortunately, the event was a letdown.
Kahjuks oli üritus pettumus.
(Kah-yuks o-lee ü-ri-tus pet-tu-mus.)

619. I was disappointed with the movie.
Film valmistas mulle pettumuse.
(Film val-mis-tas mool-le pet-tu-mu-se.)

620. The concert didn't meet my expectations.
Kontsert ei vastanud minu ootustele.
(Kon-tsert ei vas-ta-nud mi-nu oo-tus-te-le.)

621. I expected more from the exhibition.
Ma ootasin näituselt rohkem.
(Ma oo-ta-sin näi-tu-selt roh-kem.)

622. The event left me speechless; it was superb!
Üritus jättis mind sõnatuks; see oli suurepärane!
(Ü-ri-tus jät-tis mind sõ-na-tuks; seh o-lee soo-re-pä-ra-ne!)

623. I was absolutely thrilled with the performance.
Olin etendusest täiesti vaimustatud.
(O-lin e-ten-du-sest täi-es-ti vai-mus-ta-tud.)

624. The movie was a pleasant surprise.
Film oli meeldiv üllatus.
(Film o-lee meel-div ül-la-tus.)

625. I had such a blast at the exhibition.
Mul oli näitusel väga lõbus.
(Mool o-lee näi-tu-sel vä-ga lõ-bus.)

626. The concert was nothing short of fantastic.
Kontsert oli lausa fantastiline.
(Kon-tsert o-lee lau-sa fan-tas-ti-li-ne.)

627. I'm still on cloud nine after the event.
Olen ürituse järel endiselt seitsmendas taevas.
(O-len ü-ri-tu-se jä-rel en-dis-elt sei-tmen-das tae-vas.)

> **Travel Story:** In a music shop in Viljandi, the owner describes the folk music scene as "Muusika, mis tuleb südamest" (Music that comes from the heart), highlighting the role of music in expressing the Estonian soul.

628. I was quite underwhelmed by the show.
Ma olin etendusest üsna pettunud.
(Ma o-lin e-ten-du-sest üs-na pet-tu-nud.)

629. I expected more from the movie.
Ma ootasin filmilt rohkem.
(Ma oo-ta-sin fil-milt roh-kem.)

630. Unfortunately, the exhibition didn't impress me.
Kahjuks ei avaldanud näitus mulle muljet.
(Kah-yuks ei a-val-da-nud näi-tus mool-le mool-jet.)

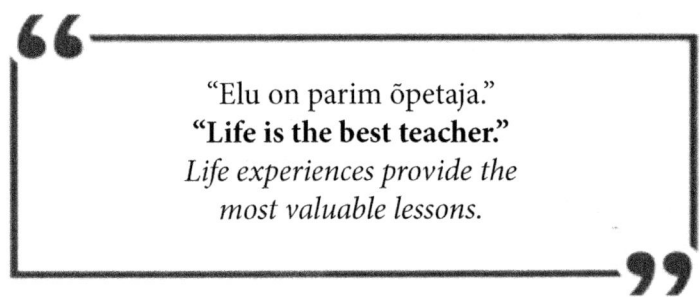

"Elu on parim õpetaja."
"Life is the best teacher."
Life experiences provide the most valuable lessons.

Mini Lesson:
Basic Grammar Principles in Estonian #2

Introduction:

Estonian, a Finno-Ugric language spoken primarily in Estonia, offers linguistic insights distinct from Indo-European languages. While it shares some similarities with Finnish, it remains unique in its structure and usage. This lesson aims to build upon the foundational grammar introduced earlier, exploring further into Estonian's intriguing grammatical nuances.

1. Sentence Structure:

Estonian typically follows a Subject-Verb-Object (SVO) structure but is flexible due to its case system. The meaning of a sentence can be clear through case endings regardless of word order, offering poetic and expressive flexibility.

- *Mina loen raamatut. (I am reading a book.)*

2. Use of Cases:

Estonian has 14 cases, each serving different syntactic and semantic roles. The most commonly used cases include:

- ***Nominative:*** *The subject of the sentence.*
- ***Genitive:*** *Indicates possession.*
- ***Partitive:*** *Often used for the direct object and expressing partiality or indefinite quantities.*
- ***Illative:*** *Indicates movement into something.*

3. Degrees of Comparison:

Adjectives in Estonian can be in the positive, comparative, or superlative degree, similar to English, but formed differently.

- *Suur (big), suurem (bigger), kõige suurem (the biggest)*

4. Pronominal Usage:

Estonian pronouns change form according to case and number. Reflexive pronouns are used similarly to other Finno-Ugric languages.

- *Ma pesen end. (I wash myself.)*

5. Verbal Aspect:

Unlike in English, Estonian verbs can express aspect through the use of auxiliary verbs or by altering the verb stem. This feature conveys whether an action is complete, ongoing, or repetitive.

6. Evidentiality:

Estonian has a grammatical mood to indicate the source of information, showing whether the speaker has direct knowledge of the event.

7. Compound Words:

Estonian frequently uses compound words, which can be extensive and often carry specific meanings not immediately apparent from their components.

- *Lumepallilahing (snowball fight) from lumi (snow) + pall (ball) + lahing (battle).*

8. Postpositions and Prepositions:

Estonian uses both prepositions and postpositions, with the choice depending on the case of the noun that follows.

- *Maja taga (behind the house) - taga is a postposition.*

Conclusion:

This brief overview touches upon some of the more complex aspects of Estonian grammar that learners will encounter. Mastery of these elements enriches the ability to express nuanced thoughts and engage more deeply with Estonian literature and conversation. Practice, exposure to native speakers, and patience are key to advancing your proficiency. Edu! (Good luck!)

HEALTHCARE & MEDICAL NEEDS

- EXPLAINING SYMPTOMS TO A DOCTOR -
- REQUESTING MEDICAL ASSISTANCE -
- DISCUSSING MEDICATIONS AND TREATMENT -

Explaining Symptoms

631. I have a persistent headache.
Mul on pidev peavalu.
(Mool on pee-dev pea-va-loo.)

632. My throat has been sore for a week.
Mu kõri on olnud valus juba nädala.
(Moo kõ-ri on ol-nud va-lus ju-ba nä-da-la.)

633. I've been experiencing stomach pain and nausea.
Mul on olnud kõhuvalu ja iiveldus.
(Mool on ol-nud kõ-hu-va-loo ja ii-vel-dus.)

634. I have a high fever and chills.
Mul on kõrge palavik ja külmavärinad.
(Mool on kõr-ge pa-la-vik ja külm-avä-ri-nad.)

635. My back has been hurting for a few days.
Mu selg on valutanud mõned päevad.
(Moo selg on va-lu-ta-nud mõ-ned päe-vad.)

636. I'm coughing up yellow mucus.
Ma köhin kollast lima.
(Ma kö-hin kol-last li-ma.)

637. I have a rash on my arm.
Mu käel on lööve.
(Moo kä-el on löö-ve.)

> **Fun Fact:** Estonians are among the world's biggest consumers of milk per capita.

638. I've been having trouble breathing.
Mul on olnud hingamisraskusi.
(Mool on ol-nud hin-ga-mis-ras-ku-si.)

639. I feel dizzy and lightheaded.
Ma tunnen end pearingluse ja kerge peaga.
(Ma tun-nen end pea-rin-gluse ja ker-ge pea-ga.)

640. My joints are swollen and painful.
Mu liigesed on paistes ja valulikud.
(Moo lii-ge-sed on pai-stes ja va-lu-li-kud.)

641. I've had diarrhea for two days.
Mul on olnud kõhulahtisus kaks päeva.
(Mool on ol-nud kõ-hu-lah-ti-sus kaks päe-va.)

642. My eyes are red and itchy.
Mu silmad on punased ja sügelevad.
(Moo sil-mad on pu-na-sed ja sü-ge-le-vad.)

643. I've been vomiting since last night.
Ma olen oksendanud alates eilsest õhtust.
(Ma o-len oks-en-da-nud a-la-tes eil-sest õh-tust.)

644. I have a painful, persistent toothache.
Mul on valulik ja pidev hambavalu.
(Mool on va-lu-lik ja pee-dev ham-ba-va-loo.)

645. I'm experiencing fatigue and weakness.
Ma kogen väsimust ja nõrkust.
(Ma ko-gen vä-si-must ja nõr-kust.)

646. I've noticed blood in my urine.
Ma olen märganud verd oma uriinis.
(Ma o-len mär-ga-nud verd o-ma u-rii-nis.)

647. My nose is congested, and I can't smell anything.
Mu nina on kinni ja ma ei tunne lõhna.
(Moo ni-na on kin-ni ja ma ei tun-ne lõh-na.)

648. I have a cut that's not healing properly.
Mul on lõige, mis ei parane korralikult.
(Mool on lõi-ge, mis ei pa-ra-ne kor-ra-lik-ult.)

649. My ears have been hurting, and I can't hear well.
Mu kõrvad valutavad ja ma ei kuule hästi.
(Moo kõr-vad va-lu-ta-vad ja ma ei kuu-le häs-ti.)

650. I think I might have a urinary tract infection.
Ma arvan, et mul võib olla kuseteede infektsioon.
(Ma ar-van, et mool võib ol-la ku-se-tee-de in-fek-tsioon.)

651. I've had trouble sleeping due to anxiety.
Mul on olnud unehäired ärevuse tõttu.
(Mool on ol-nud u-ne-häi-red ä-re-vu-se tõt-tu.)

Requesting Medical Assistance

652. I need to see a doctor urgently.
Ma pean kiiresti arsti nägema.
(Ma pe-an kii-res-ti ars-ti nä-ge-ma.)

653. Can you call an ambulance, please?
Kas saaksite palun kiirabi kutsuda?
(Kas saak-si-te pa-lun kii-ra-bi kut-su-da?)

> **Travel Story:** During a snowy walk in Otepää, a guide uses "Lumi teeb maailma puhtaks" (Snow makes the world clean), to describe the purifying effect of Estonia's long winters.

654. I require immediate medical attention.
Mul on vaja kohest meditsiinilist abi.
(Mool on va-ja koh-est me-di-tsiini-list a-bi.)

655. Is there an available appointment today?
Kas täna on vabu aegu?
(Kas tä-na on va-bu ae-gu?)

656. Please help me find a nearby clinic.
Palun aidake mul leida lähedal asuv kliinik.
(Pa-lun ai-da-ke mool lei-da lä-he-dal a-suv klii-nik.)

657. I think I'm having a medical emergency.
Ma arvan, et mul on meditsiiniline hädaolukord.
(Ma ar-van, et mool on me-di-tsiini-line hä-da-o-lu-kord.)

658. Can you recommend a specialist?
Kas saate soovitada spetsialisti?
(Kas saa-te soo-vi-ta-da spe-tsia-lis-ti?)

659. I'm in severe pain; can I see a doctor now?
Ma kannatan tugeva valu käes; kas ma saan kohe arsti juurde minna?
(Ma kan-na-tan tu-ge-va va-lu kä-es; kas ma saan ko-he ars-ti juur-de min-na?)

660. Is there a 24-hour pharmacy in the area?
Kas piirkonnas on 24-tunnine apteek?
(Kas pee-irkon-nas on kak-sümmend-nel-ja-tun-nine ap-teek?)

661. I need a prescription refill.
Ma vajan retsepti uuendamist.
(Ma va-jan ret-sep-ti uu-en-da-mist.)

662. Can you guide me to the nearest hospital?
Kas saate juhatada mind lähimasse haiglasse?
(Kas saa-te yu-ha-ta-da mind lä-hi-masse hai-glas-se?)

663. I've cut myself and need medical assistance.
Ma olen ennast lõiganud ja vajan meditsiinilist abi.
(Ma o-len en-nast lõi-ga-nud ja va-jan me-dit-see-ni-list a-bi.)

664. My child has a high fever; what should I do?
Minu lapsel on kõrge palavik; mida ma peaksin tegema?
(Mi-nu la-pse-l on kõr-ge pa-la-vik; mi-da ma pea-ksin te-ge-ma?)

665. Is there a walk-in clinic nearby?
Kas lähedal on ilma eelregistreerimiseta kliinik?
(Kas lä-he-dal on il-ma eel-re-gist-ree-ri-mi-se-ta klii-nik?)

666. I need medical advice about my condition.
Ma vajan meditsiinilist nõu oma seisundi kohta.
(Ma va-jan me-dit-see-ni-list nõu o-ma sei-sun-di koh-ta.)

667. My medication has run out; I need a refill.
Minu ravimid on otsas; ma vajan täitmist.
(Mi-nu ra-vi-mid on ot-sas; ma va-jan täi-tmist.)

668. Can you direct me to an eye doctor?
Kas saate suunata mind silmaarsti juurde?
(Kas saa-te suu-na-ta mind sil-ma-ar-sti yuur-de?)

669. I've been bitten by a dog; I'm concerned.
Koer on mind hammustanud; ma olen mures.
(Ko-er on mind ham-mus-ta-nud; ma o-len mu-res.)

670. Is there a dentist available for an emergency?
Kas on olemas hambaarst erakorraliseks juhuks?
(Kas on o-le-mas ham-ba-arst e-ra-kor-ra-li-seks yu-huks?)

671. I think I might have food poisoning.
Ma arvan, et mul võib olla toidumürgitus.
(Ma ar-van, et mool võib ol-la toi-du-mür-gi-tus.)

672. Can you help me find a pediatrician for my child?
Kas saate aidata mul leida lastearsti oma lapsele?
(Kas saa-te ai-da-ta mul lei-da las-te-ars-ti o-ma lap-se-le?)

Idiomatic Expression: "Ükskord lõpeb iga komöödia."
Meaning: "All good things come to an end."
(Literal translation: "Every comedy ends at some point.")

Discussing Medications and Treatments

673. What is this medication for?
Milleks see ravim on?
(Mil-leks se-e ra-vim on?)

674. How often should I take this pill?
Kui tihti ma peaksin seda tabletti võtma?
(Kui tihti ma pea-ksin se-da tab-let-ti võt-ma?)

675. Are there any potential side effects?
Kas on võimalikke kõrvaltoimeid?
(Kas on või-ma-lik-ke kõr-val-toi-meid?)

676. Can I take this medicine with food?
Kas ma võin seda ravimit toiduga võtta?
(Kas ma võin se-da ra-vi-mit toi-du-ga võt-ta?)

677. Should I avoid alcohol while on this medication?
Kas ma peaksin vältima alkoholi selle ravimi võtmise ajal?
(Kas ma pea-ksin väl-ti-ma al-ko-ho-li sel-le ra-vi-mi võt-mi-se a-jal?)

678. Is it safe to drive while taking this?
Kas on ohutu auto juhtida seda võttes?
(Kas on o-hu-tu au-to juh-ti-da se-da võt-tes?)

679. Are there any dietary restrictions?
Kas on mingeid dieedipiiranguid?
(Kas on min-geid diee-di-pii-ran-guid?)

680. Can you explain the dosage instructions?
Kas saate selgitada annustamisjuhiseid?
(Kas saa-te sel-gi-ta-da an-nus-ta-mis-ju-hi-seid?)

681. What should I do if I miss a dose?
Mida ma peaksin tegema, kui ma jätan annuse vahele?
(Mi-da ma pea-ksin te-ge-ma, kui ma jä-tan an-nu-se va-he-le?)

682. How long do I need to continue this treatment?
Kui kaua ma pean seda ravi jätkama?
(Kui kau-a ma pean se-da ra-vi jätk-ama?)

683. Can I get a generic version of this medication?
Kas ma saan selle ravimi geneerilise versiooni?
(Kas ma saan sel-le ra-vi-mi ge-ne-eri-li-se ver-sioo-ni?)

684. Is there a non-prescription alternative?
Kas on olemas retseptivaba alternatiiv?
(Kas on o-le-mas ret-sep-ti-va-ba al-ter-na-tiiv?)

685. How should I store this medication?
Kuidas ma peaksin seda ravimit hoidma?
(Kui-das ma pea-ksin se-da ra-vi-mit hoi-dma?)

686. Can you show me how to use this inhaler?
Kas saate näidata, kuidas seda inhalaatorit kasutada?
(Kas saa-te näi-da-ta, kui-das se-da in-ha-la-a-to-rit ka-su-ta-da?)

687. What's the expiry date of this medicine?
Mis on selle ravimi aegumiskuupäev?
(Mis on sel-le ra-vi-mi ae-gu-mis-kuu-päev?)

> **Fun Fact:** The traditional Estonian dish is kama, a mixture of roasted grains.

688. Do I need to finish the entire course of antibiotics?
Kas ma pean lõpetama kogu antibiootikumikuuri?
(Kas ma pean lõ-pe-ta-ma ko-gu an-ti-bi-oo-ti-ku-mi-kuu-ri?)

689. Can I cut these pills in half?
Kas ma võin need tabletid pooleks lõigata?
(Kas ma võin need ta-ble-tid poo-leks lõi-ga-ta?)

690. Is there an over-the-counter pain reliever you recommend?
Kas on mõni käsimüügivaluvaigisti, mida soovitate?
(Kas on mõ-ni käs-i-müü-gi-va-lu-vai-gis-ti, mi-da soo-vi-ta-te?)

691. Can I take this medication while pregnant?
Kas ma võin seda ravimit raseduse ajal võtta?
(Kas ma võin se-da ra-vi-mit ra-se-du-se a-jal võt-ta?)

692. What should I do if I experience an allergic reaction?
Mida ma peaksin tegema, kui mul on allergiline reaktsioon?
(Mi-da ma pea-ksin te-ge-ma, kui mul on al-ler-gi-li-ne re-akt-sioon?)

> **Fun Fact:** Estonia has one of the freest presses in the world.

693. Can you provide more information about this treatment plan?
Kas saate anda rohkem teavet selle ravikava kohta?
(Kas saa-te an-da roh-kem tea-vet sel-le ra-vi-ka-va koh-ta?)

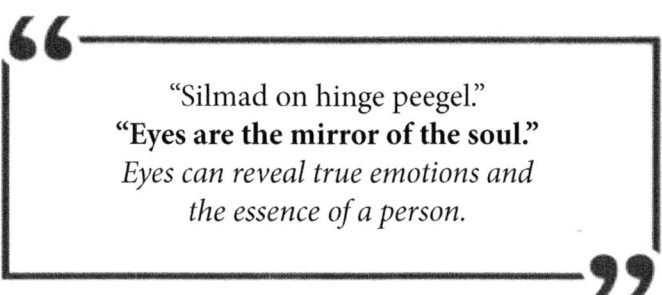

"Silmad on hinge peegel."
"Eyes are the mirror of the soul."
Eyes can reveal true emotions and the essence of a person.

Word Search Puzzle: Healthcare

HOSPITAL
HAIGLA
DOCTOR
ARST
MEDICINE
RAVIM
PRESCRIPTION
RETSEPT
APPOINTMENT
AEG
SURGERY
KIRURGIA
VACCINE
VAKTSIIN
PHARMACY
APTEEK
ILLNESS
HAIGUS
TREATMENT
RAVI
DIAGNOSIS
DIAGNOOS
RECOVERY
TAASTUMINE
SYMPTOM
SÜMPTOM
IMMUNIZATION
IMMUUNISEERIMINE

```
D M M D J V U M L I J U P W T
I M E I I O A A O J B R G N G
A Y V D L A N C R T E D E B R
G V L N I L G O C S P M G I U
N W G R R C T N C I T M E T C
O V T W D C I R O A N H Y X B
O S R N O C I N E S D E F S Z
S I Y D E P W R E T I N G N Z
U B D N T M T G W I R S Y M H
G L C I I A T Y W P L R W B U
I S O R P L F N S L E A P G T
A N D A S G Q T I G B H Q W Q
H W R V O I J K R O A R A V I
Z F L I N A F U Q R P U S V M
Z Z P M K H S C M R M P X A O
K I R U R G I A E X C X A K T
E S R L X M C K E E T P A T P
F Z S L T Y X C Y I R N T S M
O P S E A T P E S T E R X I Ü
M M G R N T Y M A W S O R I S
R I G J G L I B R R T E O N X
M V K E E X L P F H C Z H K L
A R S T A O I I S O I A F T C
Z Q Z P B V U V V O A J H M J
U R X J O K G E H I H V S E Z
M L O B G R R P J R R H X L E
Z C L J R Y V G V A J A W D Y
E N I M U T S A A T O W X K K
V I M M U N I Z A T I O N F H
B X J B O L Q O R U L V M O T
```

Correct Answers:

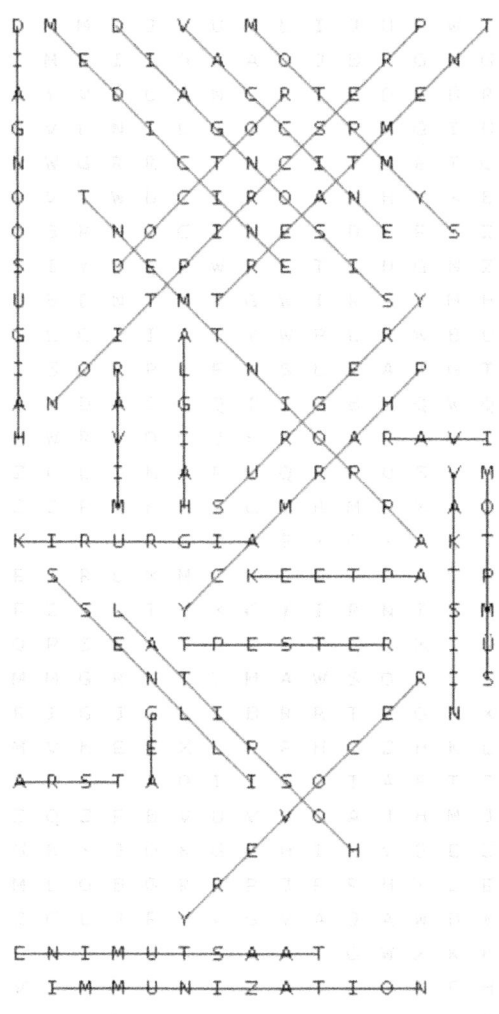

FAMILY & RELATIONSHIPS

- TALKING ABOUT FAMILY MEMBERS & RELATIONSHIPS -
- DISCUSSING PERSONAL LIFE & EXPERIENCES -
- EXPRESSING EMOTIONS & SENTIMENTS -

Family Members and Relationships

694. He's my younger brother.
Ta on minu noorem vend.
(Ta on mee-noo noh-rem vend.)

695. She's my cousin from my mother's side.
Ta on minu emapoolne nõbu.
(Ta on mee-noo eh-mah-pool-neh nõ-bu.)

696. My grandparents have been married for 50 years.
Minu vanavanemad on olnud abielus 50 aastat.
(Mee-noo va-na-va-ne-mad on ol-nud ah-bee-loos 50 aah-stat.)

697. We're like sisters from another mister.
Me oleme nagu õed teisest isast.
(Meh o-leh-meh nah-gu õed tei-sest ee-sast.)

698. He's my husband's best friend.
Ta on minu abikaasa parim sõber.
(Ta on mee-noo ah-bee-kah-sah pah-reem sõ-ber.)

699. She's my niece on my father's side.
Ta on minu isa poolne õetütar.
(Ta on mee-noo ee-sah pool-neh õe-tü-tar.)

700. They are my in-laws.
Nad on minu äiased.
(Nad on mee-noo äi-a-sed.)

701. Our family is quite close-knit.
Meie pere on väga kokkuhoidev.
(Meh-ie peh-re on vä-ga kok-ku-hoi-dev.)

702. He's my adopted son.
Ta on minu adopteeritud poeg.
(Ta on mee-noo ah-dop-teh-ree-tud po-eg.)

703. She's my half-sister.
Ta on minu poolõde.
(Ta on mee-noo pool-õ-de.)

> **Travel Story:** At a local market, a vendor introduces "Eesti käsitöö juust" (Estonian artisan cheese), sharing the pride in local, handmade products.

704. My parents are divorced.
Minu vanemad on lahutatud.
(Mee-noo va-ne-mad on lah-oo-tah-tood.)

705. He's my fiancé.
Ta on minu kihlatu.
(Ta on mee-noo kee-hla-too.)

706. She's my daughter-in-law.
Ta on minu minia.
(Ta on mee-noo mee-nee-ah.)

> **Idiomatic Expression:** "Vanad sõbrad, vanad kullad."
> Meaning: "Old friends are like gold."
> (Literal translation: "Old friends, old golds.")

707. We're childhood friends.
Me oleme lapsepõlvesõbrad.
(Meh o-leh-meh lah-se-põl-ve-sõ-brad.)

708. My twin brother and I are very close.
Mina ja mu kaksikvend oleme väga lähedased.
(Mee-nah yah moo kahk-sik-vend o-leh-meh vä-gah lä-he-dah-sed.)

709. He's my godfather.
Ta on minu ristivanem.
(Tah on mee-noo ris-ti-va-nem.)

710. She's my stepsister.
Ta on minu kasuõde.
(Tah on mee-noo kah-soo-õ-de.)

711. My aunt is a world traveler.
Minu tädi on maailmarändur.
(Mee-noo tä-dee on mai-lma-rän-dur.)

712. We're distant relatives.
Me oleme kauged sugulased.
(Meh o-leh-meh kau-ged su-gu-la-sed.)

713. He's my brother-in-law.
Ta on minu äiapoeg.
(Tah on mee-noo äi-ah-po-eg.)

714. She's my ex-girlfriend.
Ta on minu endine tüdruksõber.
(Tah on mee-noo en-dih-neh tü-druk-sõ-ber.)

Personal Life and Experiences

715. I've traveled to over 20 countries.
Ma olen reisinud rohkem kui 20 riigis.
(Mah o-len ray-si-nud roh-kem kui kahk-küm-mend rii-gis.)

716. She's an avid hiker and backpacker.
Ta on innukas matkaja ja seljakotirändur.
(Tah on in-nu-kas mat-ka-ja yah sel-ja-ko-ti-rän-dur.)

717. I enjoy cooking and trying new recipes.
Mulle meeldib süüa teha ja uusi retsepte proovida.
(Mool-le meel-dib sü-üa teh-ha yah uusi ret-sep-te proo-vi-da.)

718. He's a professional photographer.
Ta on professionaalne fotograaf.
(Tah on pro-fes-sio-naal-ne fo-to-graaf.)

719. I'm passionate about environmental conservation.
Ma olen kirglik keskkonnakaitse suhtes.
(Mah o-len kir-glik kesk-kon-na-kait-se suh-tes.)

720. She's a proud dog owner.
Ta on uhke koeraomanik.
(Tah on uh-ke koe-ra-o-ma-nik.)

721. I love attending live music concerts.
Mulle meeldib käia elavas muusika kontsertidel.
(Mool-le meel-dib käi-a e-la-vas muu-si-ka kon-tser-ti-del.)

722. He's an entrepreneur running his own business.
Ta on ettevõtja, kes juhib oma äri.
(Ta on et-te-võt-ja, kes yu-hib o-ma ä-ri.)

723. I've completed a marathon.
Ma olen maratoni lõpetanud.
(Ma o-len ma-ra-to-ni lõ-pe-ta-nud.)

724. She's a dedicated volunteer at a local shelter.
Ta on pühendunud vabatahtlik kohalikus varjupaigas.
(Ta on pü-hen-du-nud va-ba-taht-lik ko-ha-li-kus var-ju-pai-gas.)

725. I'm a history buff.
Ma olen ajaloohuviline.
(Ma o-len a-ja-loo-hu-vi-li-ne.)

726. I'm a proud parent of three children.
Ma olen kolme lapse uhke vanem.
(Ma o-len kol-me lap-se uh-ke va-nem.)

727. I've recently taken up painting.
Ma olen hiljuti maalimisega alustanud.
(Ma o-len hil-ju-ti maa-li-mi-se-ga a-lus-ta-nud.)

728. She's a film enthusiast.
Ta on filmisõber.
(Ta on fil-mi-sõ-ber.)

729. I enjoy gardening in my free time.
Ma naudin aiatööd oma vaba ajal.
(Ma nau-din ai-a-tööd o-ma va-ba a-jal.)

730. He's an astronomy enthusiast.
Ta on astronoomiahuviline.
(Ta on as-tro-noo-mia-hu-vi-li-ne.)

731. I've skydived twice.
Ma olen langevarjuga hüpanud kaks korda.
(Ma o-len lan-ge-var-ju-ga hü-pa-nud kaks kor-da.)

732. She's a fitness trainer.
Ta on fitness-treener.
(Ta on fit-ness-tre-e-ner.)

733. I love collecting vintage records.
Mulle meeldib vanade plaatide kogumine.
(Mul-le meel-dib va-na-de plaa-ti-de ko-gu-mi-ne.)

734. He's an experienced scuba diver.
Ta on kogenud sukelduja.
(Ta on ko-ge-nud su-kel-du-ja.)

735. He's a bookworm and a literature lover.
Ta on raamatusõber ja kirjanduse armastaja.
(Ta on raa-ma-tu-sõ-ber ja kir-jan-du-se ar-mas-ta-ja.)

> **Fun Fact:** Seto Leelo, a traditional form of singing in southeastern Estonia, is a UNESCO Intangible Cultural Heritage.

Expressing Emotions and Sentiments

736. I feel overjoyed on my birthday.
Ma tunnen oma sünnipäeval suurt rõõmu.
(Ma tun-nen o-ma sün-ni-päe-val suurt rõõ-mu.)

737. She's going through a tough time right now.
Ta läbib praegu rasket aega.
(Ta lä-bib prae-gu ras-ket ae-ga.)

738. I'm thrilled about my upcoming vacation.
Ma olen põnevil oma eelseisva puhkuse pärast.
(Ma o-len põ-ne-vil o-ma ee-lei-sva puh-ku-se pää-rast.)

739. He's heartbroken after the breakup.
Ta on murtud südamega pärast lahkuminekut.
(Ta on mur-tud sü-da-me-ga pää-rast lah-ku-mi-ne-kut.)

740. I'm absolutely ecstatic about the news.
Ma olen täiesti vaimustuses uudistest.
(Ma o-len täi-es-ti vai-mus-tu-ses uu-dis-test.)

741. She's feeling anxious before the big presentation.
Ta tunneb ärevust enne suurt esitlust.
(Ta tun-neb ä-re-vust en-ne suurt e-sit-lust.)

742. I'm proud of my team's achievements.
Ma olen uhke oma meeskonna saavutuste üle.
(Ma o-len uh-ke o-ma mee-skon-na saa-vut-us-te ü-le.)

743. He's devastated by the loss.
Ta on kaotusest laastatud.
(Ta on kao-tu-sest laas-ta-tud.)

744. I'm grateful for the support I received.
Ma olen tänulik saadud toetuse eest.
(Ma o-len tä-nu-lik saa-dud toe-tu-se eest.)

745. She's experiencing a mix of emotions.
Ta kogeb emotsioonide segu.
(Ta ko-geb e-mot-si-oo-ni-de se-gu.)

746. I'm content with where I am in life.
Ma olen rahul, kus ma elus olen.
(Ma o-len ra-hul, kus ma e-lus o-len.)

747. He's overwhelmed by the workload.
Ta on töökoormusest üle koormatud.
(Ta on töö-koor-mu-sest ü-le koorm-a-tud.)

748. I'm in awe of the natural beauty here.
Ma olen siinse loodusilu ees aukartuses.
(Ma o-len siin-se loo-du-si-lu ees au-kar-tu-ses.)

> **Language Learning Tip:** Practice Pronunciation - Pay attention to the sounds of Estonian, especially the vowels, which are crucial.

749. She's relieved the exams are finally over.
Ta on kergendust tundev, et eksamid on lõpuks läbi.
(Ta on ker-gen-dust tun-dev, et eks-a-mid on lõ-puks lä-bi.)

750. I'm excited about the new job opportunity.
Ma olen elevil uue töövõimaluse pärast.
(Ma o-len e-le-vil uue töö-või-ma-lu-se pää-rast.)

Travel Story: In the Setomaa region, visitors learn the phrase "Seto leelo kõlab kaugele" (Seto leelo echoes far), appreciating the unique polyphonic singing style of the Seto people, a UNESCO heritage.

751. I'm nostalgic about my childhood.
Ma igatsen oma lapsepõlve järele.
(Ma ee-gat-sen o-ma lap-se-põl-ve jä-re-le.)

752. She's confused about her future.
Ta on oma tuleviku suhtes segaduses.
(Ta on o-ma tu-le-vi-ku suh-tes se-ga-du-ses.)

753. I'm touched by the kindness of strangers.
Ma olen liigutatud võõraste lahkusest.
(Ma o-len lii-gu-ta-tud võõ-ras-te lah-ku-sest.)

754. He's envious of his friend's success.
Ta on kade oma sõbra edu peale.
(Ta on ka-de o-ma sõ-bra e-du pea-le.)

755. I'm hopeful for a better tomorrow.
Ma olen lootusrikas parema homse suhtes.
(Ma o-len loo-tus-ri-kas pa-re-ma hom-se suh-tes.)

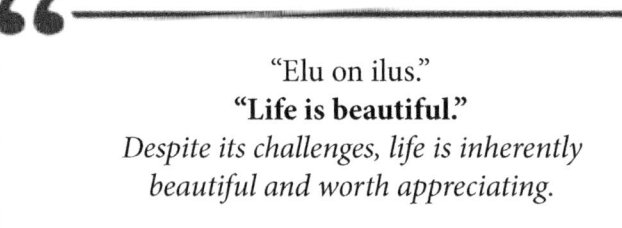

"Elu on ilus."
"Life is beautiful."
Despite its challenges, life is inherently beautiful and worth appreciating.

Interactive Challenge: Family & Relationships

(Link each English word with their corresponding meaning in Estonian)

1) Family — Abielu

2) Parents — Sõprus

3) Siblings — Õed-vennad

4) Children — Sugulased

5) Grandparents — Lapsed

6) Spouse — Lahutus

7) Marriage — Armastus

8) Love — Pere

9) Friendship — Abikaasa

10) Relatives — Vanemad

11) In-laws — Adopteerimine

12) Divorce — Nõod

13) Adoption — Õetütar / Vennatütar

14) Cousins — Vanavanemad

15) Niece — Ämmad ja äiad

Correct Answers:

1. Family - Pere
2. Parents - Vanemad
3. Siblings - Õed-vennad
4. Children - Lapsed
5. Grandparents - Vanavanemad
6. Spouse - Abikaasa
7. Marriage - Abielu
8. Love - Armastus
9. Friendship - Sõprus
10. Relatives - Sugulased
11. In-laws - Ämmad ja äiad
12. Divorce - Lahutus
13. Adoption - Adopteerimine
14. Cousins - Nõod
15. Niece - Õetütar / Vennatütar

TECHNOLOGY & COMMUNICATION

- USING TECHNOLOGY-RELATED PHRASES -
- INTERNET ACCESS AND COMMUNICATION TOOLS -
- TROUBLESHOOTING TECHNICAL ISSUES -

Using Technology

756. I use my smartphone for various tasks.
Ma kasutan oma nutitelefoni mitmesugusteks ülesanneteks.
(Ma ka-su-tan o-ma nu-ti-te-le-fo-ni mit-me-su-gus-teks ü-le-san-ne-teks.)

757. The computer is an essential tool in my work.
Arvuti on minu töös hädavajalik vahend.
(Ar-vu-ti on mi-nu töös hä-da-va-ja-lik va-hend.)

758. I'm learning how to code and develop software.
Ma õpin programmeerima ja tarkvara arendama.
(Ma õ-pin pro-gram-mee-ri-ma ja tar-kva-ra a-ren-da-ma.)

759. My tablet helps me stay organized.
Minu tahvelarvuti aitab mul korras püsida.
(Mi-nu tah-vel-ar-vu-ti ai-tab mul kor-ras pü-si-da.)

760. I enjoy exploring new apps and software.
Mulle meeldib uusi rakendusi ja tarkvara uurida.
(Mul-le meel-dib uu-si ra-ken-du-si ja tar-kva-ra uu-ri-da.)

761. Smartwatches are becoming more popular.
Nutikellad muutuvad üha populaarsemaks.
(Nu-ti-kel-lad muu-tu-vad ü-ha po-pu-laar-se-maks.)

762. Virtual reality technology is fascinating.
Virtuaalreaalsuse tehnoloogia on paeluv.
(Vir-tuaal-reaal-su-se teh-no-loo-gia on pae-luv.)

763. Artificial intelligence is changing industries.
Tehisintellekt muudab tööstusharusid.
(Teh-is-in-tel-lekt muu-dab töös-tus-ha-ru-sid.)

764. I like to customize my gadgets.
Mulle meeldib oma vidinaid kohandada.
(Mul-le meel-dib o-ma vi-di-nai-d ko-han-da-da.)

765. E-books have replaced physical books for me.
E-raamatud on asendanud minu jaoks füüsilised raamatud.
(E-raa-ma-tud on a-sen-da-nud mi-nu jao-ks füü-si-li-sed raa-ma-tud.)

766. Social media platforms connect people worldwide.
Sotsiaalmeedia platvormid ühendavad inimesi üle maailma.
(Sot-si-aaal-mee-di-a plat-vor-mid ü-hen-da-vad i-ni-me-si ü-le maai-lma.)

767. I'm a fan of wearable technology.
Ma olen kantava tehnoloogia fänn.
(Ma o-len kan-ta-va teh-no-loo-gia fänn.)

768. The latest gadgets always catch my eye.
Viimased vidinad köidavad alati minu tähelepanu.
(Vii-ma-sed vi-di-nad köi-da-vad a-la-ti mi-nu tä-he-le-pa-nu.)

769. My digital camera captures high-quality photos.
Minu digikaamera teeb kõrge kvaliteediga fotosid.
(Mi-nu di-gi-kaa-me-ra teeb kõr-ge kva-li-teed-i-ga fo-to-sid.)

770. Home automation simplifies daily tasks.
Koduautomaatika lihtsustab igapäevaseid ülesandeid.
(Ko-du-au-to-maa-ti-ka liht-sus-tab i-ga-päe-va-seid ü-le-san-deid.)

771. I'm into 3D printing as a hobby.
Ma harrastan 3D printimist kui hobit.
(Ma har-ras-tan 3D prin-ti-mist kui ho-bit.)

772. Streaming services have revolutionized entertainment.
Voogedastusteenused on revolutsiooniliselt muutnud meelelahutust.
(Voog-e-das-tus-tee-nu-sed on re-vo-lut-si-oo-ni-lis-elt muut-nud mee-le-lah-tust.)

773. The Internet of Things (IoT) is expanding.
Asjade internet (IoT) laieneb.
(As-ja-de in-ter-net (IoT) lai-neb.)

774. I'm into gaming, both console and PC.
Ma olen mängude fänn, nii konsoolidel kui ka arvutil.
(Ma o-len män-gu-de fänn, nii kon-soo-li-del kui ka ar-vu-til.)

775. Wireless headphones make life more convenient.
Juhtmevabad kõrvaklapid teevad elu mugavamaks.
(Juht-me-va-bad kõr-va-klap-id teev-ad e-lu mu-ga-va-maks.)

776. Cloud storage is essential for my work.
Pilveteenused on minu töö jaoks hädavajalikud.
(Pil-ve-tee-nu-sed on mi-nu töö ja-oks hä-da-va-ja-li-kud.)

> **Travel Story:** Viewing Tallinn from Toompea Hill, a local remarks "Vanalinn on nagu muinasjutt" (The old town is like a fairy tale), capturing the magical atmosphere of the city's historic center.

Internet Access and Communication Tools

777. I rely on high-speed internet for work.
Ma sõltun töös kiirest internetist.
(Ma sõl-tun töös kii-rest in-ter-ne-tist.)

778. Video conferencing is crucial for remote meetings.
Videokonverentsid on kaugkoosolekute jaoks olulised.
(Vi-de-o-kon-ve-rent-sid on kau-gkoo-so-le-kute ja-oks o-lu-li-sed.)

779. Social media helps me stay connected with friends.
Sotsiaalmeedia aitab mul sõpradega ühenduses püsida.
(Sot-si-aal-mee-di-a ai-tab mul sõ-pra-de-ga ü-hen-du-ses pü-si-da.)

780. Email is my primary mode of communication.
E-post on minu peamine suhtlusviis.
(E-post on mi-nu pe-a-mi-ne suht-lus-viis.)

781. I use messaging apps to chat with family.
Ma kasutan sõnumirakendusi perega suhtlemiseks.
(Ma ka-su-tan sõ-nu-mi-ra-ken-du-si pe-re-ga suh-tle-mi-seks.)

782. Voice and video calls keep me in touch with loved ones.
Hääle- ja videokõned hoiavad mind lähedastega ühenduses.
(Hää-le- ja vi-deo-kõ-ned hoi-a-vad mind lä-he-das-te-ga ühen-du-ses.)

783. Online forums are a great source of information.
Veebifoorumid on suurepärane infoallikas.
(Vee-bi-foo-ru-mid on suu-re-pä-ra-ne in-fo-al-li-kas.)

784. I trust encrypted messaging services for privacy.
Ma usaldan krüpteeritud sõnumiteenuseid privaatsuse jaoks.
(Ma u-sal-dan krüp-teer-i-tud sõ-nu-mi-tee-nu-seid pri-vaat-su-se jaoks.)

785. Webinars are a valuable resource for learning.
Veebiseminarid on väärtuslik õppimisressurss.
(Vee-bi-se-mi-na-rid on väärt-us-lik õp-pi-mis-res-surss.)

786. VPNs enhance online security and privacy.
VPN-id tugevdavad võrguturvalisust ja privaatsust.
(VPN-id tu-gev-da-vad võr-gu-tur-va-li-sust ja pri-vaat-sust.)

> **Fun Fact:** Estonia is considered one of the world's most internet-savvy countries.

787. Cloud-based collaboration tools are essential for teamwork.
Pilvepõhised koostöövahendid on meeskonnatöö jaoks hädavajalikud.
(Pil-ve-põ-hi-sed koo-stöö-va-hen-did on mee-skon-na-töö jaoks hä-da-va-ja-li-kud.)

788. I prefer using a wireless router at home.
Eelistan kodus kasutada traadita ruuterit.
(Ee-lis-tan ko-dus ka-su-ta-da traad-i-ta ruu-te-rit.)

789. Online banking simplifies financial transactions.
Internetipank lihtsustab finantstehinguid.
(In-ter-ne-ti-pank liht-sus-tab fi-nants-teh-ing-uid.)

> **Fun Fact:** The oldest continuously operating pharmacy in Europe is in Tallinn, dating back to at least 1422.

790. VoIP services are cost-effective for international calls.
VoIP-teenused on rahvusvahelisteks kõnedeks kulutõhusad.
(VoIP-tee-nu-sed on rah-vus-vahel-is-teks kõ-ne-deks ku-lu-tõ-hu-sad.)

791. I enjoy online shopping for convenience.
Naudin internetis ostlemist mugavuse pärast.
(Nau-din in-ter-ne-tis ost-le-mist mu-ga-vu-se pä-rast.)

792. Social networking sites connect people globally.
Sotsiaalmeedia saitid ühendavad inimesi üle maailma.
(Sot-si-aal-mee-di-a sai-tid ühen-da-vad i-ni-me-si ü-le mai-lma.)

793. E-commerce platforms offer a wide variety of products.
E-kaubanduse platvormid pakuvad laia tootevalikut.
(E-kau-ban-du-se plat-vor-mid pa-ku-vad lai-a too-te-va-li-kut.)

> **Idiomatic Expression:** "Vesi ahjus."
> Meaning: "To be in trouble."
> (Literal translation: "Water in the stove.")

794. Mobile banking apps make managing finances easy.
Mobiilipanganduse rakendused teevad finantside haldamise lihtsaks.
(Mo-bii-li-pan-gan-du-se ra-ken-du-sed te-e-vad fi-nant-si-de hal-da-mi-se liht-saks.)

795. I'm active on professional networking sites.
Olen aktiivne professionaalsetel võrgustike saitidel.
(O-len ak-tii-vne pro-fes-sio-naal-se-tel võr-gus-ti-ke sai-ti-del.)

796. Virtual private networks protect my online identity.
Virtuaalsed privaatvõrgud kaitsevad minu veebiidentiteeti.
(Vir-tu-aal-sed pri-vaat-võr-gud kait-se-vad mi-nu vee-bi-iden-ti-teet-i.)

797. Instant messaging apps are great for quick chats.
Kohesõnumite rakendused on suurepärased kiireks vestluseks.
(Ko-he-sõ-nu-mi-te ra-ken-du-sed on suu-re-pä-ra-sed kii-reks ves-tlu-seks.)

Troubleshooting Technical Issues

798. My computer is running slow; I need to fix it.
 Minu arvuti töötab aeglaselt; pean selle parandama.
 (Mi-nu ar-vu-ti töö-tab ae-gla-selt; pe-an sel-le pa-ran-da-ma.)

799. I'm experiencing network connectivity problems.
 Mul on võrguühenduse probleeme.
 (Mul on võr-gu-üh-en-du-se pro-blee-me.)

800. The printer isn't responding to my print commands.
 Printer ei reageeri minu printimiskäskudele.
 (Prin-ter ei re-a-gee-ri mi-nu prin-ti-mis-käs-ku-de-le.)

> **Fun Fact:** Estonia has a vibrant startup scene, with a focus on technology and innovation.

801. My smartphone keeps freezing; it's frustrating.
 Minu nutitelefon jääb pidevalt kinni; see on frustreeriv.
 (Mi-nu nu-ti-te-le-fon jääb pi-de-valt kin-ni; see on frus-treer-iv.)

802. The Wi-Fi signal in my house is weak.
 Minu majas on Wi-Fi signaal nõrk.
 (Mi-nu ma-jas on Wi-Fi sig-naal nõrk.)

803. I can't access certain websites; it's a concern.
 Ma ei pääse teatud veebisaitidele ligi; see on murettekitav.
 (Ma ei pää-se te-a-tud vee-bi-sai-ti-de-le li-gi; see on mur-re-te-ki-tav.)

804. My laptop battery drains quickly; I need a solution.
Minu sülearvuti aku tühjeneb kiiresti; mul on vaja lahendust.
(Mi-nu sü-le-ar-vu-ti a-ku tüh-je-neb kii-res-ti; mul on va-ja la-hen-dust.)

805. There's a software update available for my device.
Minu seadme jaoks on saadaval tarkvarauuendus.
(Mi-nu sead-me ja-oks on saa-da-val tark-va-ra-uu-en-dus.)

806. My email account got locked; I need to recover it.
Minu e-posti konto lukustus; pean selle taastama.
(Mi-nu e-pos-ti kon-to lu-kus-tus; pe-an sel-le taa-sta-ma.)

807. The screen on my tablet is cracked; I'm upset.
Minu tahvelarvuti ekraan on mõranenud; olen nördinud.
(Mi-nu tah-ve-lar-vu-ti ek-raan on mõ-ra-ne-nud; o-len nör-di-nud.)

808. My webcam isn't working during video calls.
Minu veebikaamera ei tööta videokõnede ajal.
(Mi-nu vee-bi-kaa-me-ra ei töö-ta vi-deo-kõ-ne-de a-jal.)

809. My phone's storage is almost full; I need to clear it.
Minu telefoni mälu on peaaegu täis; pean selle tühjendama.
(Mi-nu te-le-fo-ni mä-lu on pe-aa-e-gu täis; pe-an sel-le tüh-jen-da-ma.)

Fun Fact: Estonia's national animal is the wolf.

810. I accidentally deleted important files; I need help.
Kustutasin kogemata olulisi faile; vajan abi.
(Kus-tu-ta-sin ko-ge-ma-ta o-lu-li-si fai-le; va-jan a-bi.)

> **Fun Fact:** The Estonian language has no gender pronouns.

811. My smart home devices are not responding.
Minu nutikodu seadmed ei reageeri.
(Mi-nu nu-ti-ko-du sead-med ei re-a-gee-ri.)

812. The GPS on my navigation app is inaccurate.
Minu navigeerimisrakenduse GPS on ebatäpne.
(Mi-nu na-vi-gee-ri-mis-ra-ken-du-se GPS on e-ba-täp-ne.)

813. My antivirus software detected a threat; I'm worried.
Minu viirusetõrjetarkvara tuvastas ohu; olen mures.
(Mi-nu vii-ru-se-tõr-je-tark-va-ra tu-vas-tas o-hu; o-len mu-res.)

814. The touchscreen on my device is unresponsive.
Minu seadme puuteekraan ei reageeri.
(Mi-nu sead-me puu-te-ek-raan ei re-a-gee-ri.)

815. My gaming console is displaying error messages.
Minu mängukonsool kuvab veateateid.
(Mi-nu män-gu-kon-sool ku-vab vea-tea-teid.)

> **Fun Fact:** Tallinn was the European Capital of Culture in 2011.

816. I'm locked out of my social media account.
Ma olen oma sotsiaalmeedia kontolt välja lukustatud.
(Ma o-len o-ma sot-si-aal-mee-di-a kon-tolt väl-ja lu-kus-ta-tud.)

817. The sound on my computer is distorted.
Minu arvuti heli on moonutatud.
(Mi-nu ar-vu-ti he-li on moo-nu-ta-tud.)

818. My email attachments won't open; it's frustrating.
Minu e-kirja manused ei avane; see on frustreeriv.
(Mi-nu e-kir-ja ma-nu-sed ei a-va-ne; see on frus-treer-iv.)

> "Kus on tahtmist, seal on ka võimalusi."
> **"Where there is a will, there are opportunities."**
> *Determination opens up paths and possibilities.*

Cross Word Puzzle: Technology & Communication
(Provide the English translation for the following Estonian words)

Down

1. - RUUTER
2. - LAADIJA
3. - INTERNET
4. - KRÜPTOGRAAFIA
7. - RAKENDUS
8. - ANDMED
13. - EKRAAN

Across

5. - AKU
6. - VEEBIKAAMERA
9. - VÕRK
10. - PRINTER
11. - SISSELOGIMINE
12. - KLAVIATUUR
14. - PILV
15. - BRAUSER

Correct Answers:

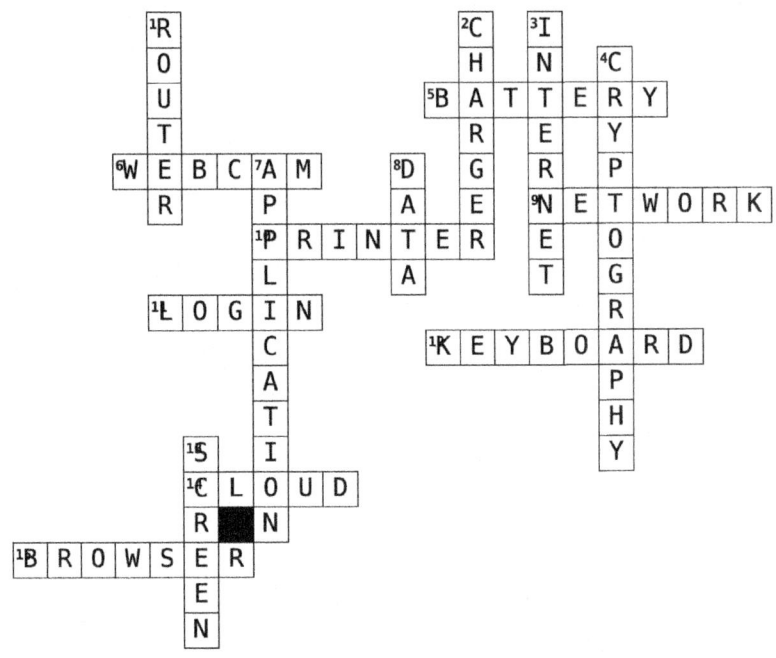

SPORTS & RECREATION

- DISCUSSING SPORTS, GAMES, & OUTDOOR ACTIVITIES -
- PARTICIPATING IN RECREATIONAL ACTIVITIES -
- EXPRESSING ENTHUSUASM OR FRUSTRATION -

Sports, Games, & Outdoor Activities

819. I love playing soccer with my friends.
Mulle meeldib sõpradega jalgpalli mängida.
(Mul-le meel-dib sõp-ra-de-ga jal-gpal-li män-gi-da.)

820. Basketball is a fast-paced and exciting sport.
Korvpall on kiiretempoline ja põnev sport.
(Korv-pall on kii-re-tem-po-line ja põ-nev sport.)

821. Let's go for a hike in the mountains this weekend.
Lähme sel nädalavahetusel mägedesse matkama.
(Läh-me sel nä-da-la-va-he-tu-sel mä-ge-des-se mat-ka-ma.)

822. Playing chess helps improve my strategic thinking.
Male mängimine aitab parandada minu strateegilist mõtlemist.
(Ma-le män-gi-mine ai-tab pa-ran-da mi-nu stra-te-e-gi-list mõt-le-mist.)

823. I'm a fan of tennis; it requires a lot of skill.
Ma olen tennise fänn; see nõuab palju oskusi.
(Ma o-len ten-ni-se fänn; see nõu-ab pal-ju os-ku-si.)

824. Are you up for a game of volleyball at the beach?
Kas sa oled mänguks rannavolles?
(Kas sa o-led män-guks ran-na-vol-les?)

825. Let's organize a game of ultimate frisbee.
Korraldame ultimaatse frisbee mängu.
(Kor-ral-da-me ul-ti-maat-se fris-bee män-gu.)

826. Baseball games are a great way to spend the afternoon.
Pesapallimängud on suurepärane viis pärastlõuna veetmiseks.
(Pe-sa-pal-li-män-gud on suu-re-pä-ra-ne viis pä-rast-lõu-na vee-tmi-seks.)

827. Camping in the wilderness is so peaceful.
Metsikus looduses telkimine on väga rahulik.
(Met-si-kus loo-du-ses tel-ki-mi-ne on vä-ga ra-hu-lik.)

828. I enjoy swimming in the local pool.
Mulle meeldib kohalikus basseinis ujuda.
(Mul-le meel-dib ko-ha-li-kus ba-sei-nis u-ju-da.)

829. I'm learning to play the guitar in my free time.
Õpin oma vaba aja jooksul kitarri mängima.
(Õ-pin o-ma va-ba a-ja jook-sul ki-tar-ri män-gi-ma.)

830. Skiing in the winter is an exhilarating experience.
Suusatamine talvel on erutav kogemus.
(Suu-sa-ta-mi-ne tal-vel on e-ru-tav ko-ge-mus.)

831. Going fishing by the lake is so relaxing.
Järve ääres kalastamine on väga lõõgastav.
(Jär-ve ää-res ka-las-ta-mi-ne on vä-ga lõõ-gas-tav.)

832. We should have a board game night with friends.
Peaksime sõpradega korraldama lauamänguõhtu.
(Peak-si-me sõp-ra-de-ga kor-ral-da-ma lau-a-män-gu-õh-tu.)

> **Travel Story:** On a nature trail in Soomaa National Park, a ranger explains "Raba on meie metsik aare" (The bog is our wild treasure), highlighting the importance of wetlands to Estonia's natural diversity.

833. Martial arts training keeps me fit and disciplined.
Võitluskunstide treening hoiab mind vormis ja distsiplineeritud.
(Või-tlus-kuns-ti-de tre-e-ning hoi-ab mind vor-mis ja dis-tsi-pli-neer-i-tud.)

834. I'm a member of a local running club.
Ma olen kohaliku jooksuklubi liige.
(Ma o-len ko-ha-li-ku jook-su-klubi lii-ge.)

835. Playing golf is a great way to unwind.
Golfi mängimine on suurepärane viis lõõgastuda.
(Gol-fi män-gi-mine on suu-re-pä-ra-ne viis lõõ-gas-tu-da.)

836. Yoga classes help me stay flexible and calm.
Joogatunnid aitavad mul püsida paindlik ja rahulik.
(Joo-ga-tun-nid ai-ta-vad mul pü-si-da paind-lik ja ra-hu-lik.)

837. I can't wait to go snowboarding this season.
Ma ei jõua ära oodata, millal saan sel hooajal lumelauaga sõitma.
(Ma ei jõ-ua ä-ra oo-ta-da, mil-lal saan sel hoo-ajal lu-me-lau-a-ga sõit-ma.)

838. Going kayaking down the river is an adventure.
Jõel kajakiga sõitmine on seiklus.
(Jõ-el ka-ja-ki-ga sõit-mi-ne on sei-klus.)

839. Let's organize a picnic in the park.
Korraldame pargis pikniku.
(Kor-ral-da-me par-gis pik-ni-ku.)

Participating in Recreational Activities

840. I enjoy painting landscapes as a hobby.
Ma naudin maastike maalimist hobina.
(Ma nau-din maas-ti-ke ma-a-lim-ist ho-bi-na.)

841. Gardening is a therapeutic way to spend my weekends.
Aiandus on terapeutiline viis nädalavahetusi veeta.
(Ai-an-dus on te-ra-peu-ti-li-ne viis nä-da-la-va-he-tu-si vee-ta.)

842. Playing the piano is my favorite pastime.
Klaveri mängimine on minu lemmik ajaviide.
(Kla-ve-ri män-gi-mi-ne on mi-nu lem-mik a-ja-vii-de.)

843. Reading books helps me escape into different worlds.
Raamatute lugemine aitab mul erinevatesse maailmadesse põgeneda.
(Raa-ma-tu-te lu-ge-mi-ne ai-tab mul e-ri-ne-vais-se ma-ail-ma-des-se põ-ge-ne-da.)

844. I'm a regular at the local dance classes.
Ma käin regulaarselt kohalikes tantsutundides.
(Ma käin re-gu-laar-selt ko-ha-li-kes tantsu-tun-di-des.)

845. Woodworking is a skill I've been honing.
Puutöö on oskus, mida ma olen lihvinud.
(Puu-töö on os-kus, mi-da ma o-len lih-vi-nud.)

> **Idiomatic Expression:** "Igaühele oma."
> Meaning: "To each their own."
> (Literal translation: "To everyone their own.")

846. I find solace in birdwatching at the nature reserve.
Ma leian lohutust lindude vaatlemisest looduskaitsealal.
(Ma lei-an lo-hu-tust lin-du-de vaat-le-mi-sest loo-dus-kait-se-a-lal.)

847. Meditation and mindfulness keep me centered.
Meditatsioon ja teadlikkus hoiavad mind tasakaalus.
(Me-di-tat-sioon ja tea-dlik-kus hoi-a-vad mind ta-sa-kau-lus.)

848. I've taken up photography to capture moments.
Ma olen hakanud tegelema fotograafiaga, et jäädvustada hetki.
(Ma o-len ha-ka-nud te-ge-le-ma fo-to-graa-fi-a-ga, et jääd-vus-ta-da het-ki.)

849. Going to the gym is part of my daily routine.
Jõusaalis käimine on osa minu igapäevasest rutiinist.
(Jõu-saa-lis käi-mi-ne on o-sa mi-nu iga-päe-va-sest ru-tii-nist.)

850. Cooking new recipes is a creative outlet for me.
Uute retseptide valmistamine on minu jaoks loov väljund.
(Uu-te ret-sep-ti-de val-mis-ta-mi-ne on mi-nu jaoks lo-ov väl-jund.)

851. Building model airplanes is a fascinating hobby.
Mudellennukite ehitamine on põnev hobi.
(Mu-del-len-nu-ki-te e-hi-ta-mi-ne on põ-nev ho-bi.)

852. I love attending art exhibitions and galleries.
Ma armastan käia kunstinäitustel ja galeriides.
(Ma ar-mas-tan käi-a kun-sti-näi-tus-tel ja ga-le-rii-des.)

853. Collecting rare stamps has been a lifelong passion.
Haruldaste markide kogumine on olnud minu eluaegne kirg.
(Ha-rul-das-te mar-ki-de ko-gu-mi-ne on ol-nud mi-nu e-lu-aeg-ne kirg.)

854. I'm part of a community theater group.
Ma olen osa kogukonna teatrirühmast.
(Ma o-len o-sa ko-gu-kon-na te-a-tri-rüh-mast.)

855. Birdwatching helps me connect with nature.
Lindude vaatlemine aitab mul loodusega ühendust saada.
(Lin-du-de vaat-le-mi-ne ai-tab mul loo-du-se-ga ühen-dust saa-da.)

856. I'm an avid cyclist and explore new trails.
Ma olen innukas jalgrattur ja avastan uusi radu.
(Ma o-len in-nu-kas jal-grat-tur ja a-vas-tan uu-si ra-du.)

857. Pottery classes allow me to express myself.
Keraamikatunnid võimaldavad mul ennast väljendada.
(Ke-raa-mi-ka-tun-nid või-mal-da-vad mul en-nast väl-jen-da-da.)

858. Playing board games with family is a tradition.
Lauamängude mängimine perega on traditsioon.
(Laua-män-gu-de män-gi-mi-ne pe-re-ga on tra-dit-sioon.)

859. I'm practicing mindfulness through meditation.
Ma harjutan teadlikkust meditatsiooni kaudu.
(Ma har-ju-tan tea-dlik-kust me-di-tat-sioo-ni kau-du.)

860. I enjoy long walks in the park with my dog.
Mulle meeldib koeraga pargis pikki jalutuskäike teha.
(Mul-le meel-dib koe-ra-ga par-gis pik-ki ja-lu-tus-käi-ke te-ha.)

> **Cultural Insight:** The Estonian language has a movement towards language purity, preferring native terms over foreign borrowings.

Expressing Enthusiasm or Frustration

861. I'm thrilled we won the championship!
Ma olen vaimustuses, et me võitsime meistrivõistlused!
(Ma o-len vai-mus-tu-ses, et me võit-si-me meis-tri-võist-lu-sed!)

862. Scoring that goal felt amazing.
Selle värava löömine tundus uskumatu.
(Sel-le vä-ra-va löö-mi-ne tun-dus us-ku-ma-tu.)

863. It's so frustrating when we lose a game.
On nii frustratsioonitekitav, kui me mängu kaotame.
(On nii frus-trat-sioo-ni-te-ki-tav, kui me män-gu kao-ta-me.)

864. I can't wait to play again next week.
Ma ei jõua ära oodata, millal järgmisel nädalal taas mängida saan.
(Ma ei jõ-ua ä-ra oo-ta-da, mil-lal järg-mi-sel nä-da-lal taas män-gi-da saan.)

> **Fun Fact:** Estonian language day is celebrated on March 14th.

865. Our team's performance was outstanding.
Meie meeskonna esitus oli silmapaistev.
(Mei-e mees-kon-na e-si-tus oli sil-ma-pais-tev.)

866. We need to practice more; we keep losing.
Me peame rohkem harjutama; me jätkuvalt kaotame.
(Me pea-me roh-kem har-ju-ta-ma; me jätku-valt kao-ta-me.)

867. I'm over the moon about our victory!
Ma olen meie võidu üle ülimalt õnnelik!
(Ma o-len mei-e või-du ü-le ü-li-malt õn-ne-lik!)

> **Language Learning Tip:** Subscribe to Estonian YouTube Channels - This provides regular exposure to the language and culture.

868. I'm an avid cyclist and explore new trails.
Ma olen innukas jalgrattur ja avastan uusi radu.
(Ma o-len in-nu-kas jal-grat-tur ja a-vas-tan uu-si ra-du.)

869. The referee's decision was unfair.
Kohtuniku otsus oli ebaõiglane.
(Koh-tu-ni-ku ot-sus o-li e-ba-õig-lane.)

870. We've been on a winning streak lately.
Viimasel ajal oleme võidulainel olnud.
(Vii-ma-sel a-jal o-le-me või-du-lai-nel ol-nud.)

871. I'm disappointed in our team's performance.
Ma olen pettunud meie meeskonna esituses.
(Ma o-len pet-tu-nud mei-e mees-kon-na e-si-tu-ses.)

872. The adrenaline rush during the race was incredible.
Adrenaliinilaks võistluse ajal oli uskumatu.
(Ad-re-na-lii-ni-laks võis-tlu-se a-jal o-li us-ku-ma-tu.)

873. We need to step up our game to compete.
Me peame oma mängu parandama, et võistelda.
(Me pea-me o-ma män-gu pa-ran-da-ma, et võis-tel-da.)

874. Winning the tournament was a dream come true.
Turniiri võitmine oli unistuse täitumine.
(Tur-nii-ri võit-mi-ne o-li u-nis-tu-se täi-tu-mi-ne.)

875. I was so close to scoring a goal.
Ma olin väga lähedal värava löömisele.
(Ma o-lin vä-ga lä-he-dal vä-ra-va löö-mi-se-le.)

876. We should celebrate our recent win.
Me peaksime tähistama meie hiljutist võitu.
(Me pea-ksi-me tä-his-ta-ma me-ie hil-ju-tist või-tu.)

877. Losing by a narrow margin is frustrating.
Kitsa marginaaliga kaotamine on frustreeriv.
(Kit-sa mar-gi-naa-li-ga kao-ta-mi-ne on frus-treer-iv.)

878. Let's train harder to improve our skills.
Treenime rohkem, et parandada meie oskusi.
(Tree-ni-me roh-kem, et pa-ran-da-da me-ie os-ku-si.)

879. The match was intense from start to finish.
Mäng oli algusest lõpuni intensiivne.
(Mäng o-li al-gu-sest lõ-pu-ni in-ten-siiv-ne.)

880. I'm proud of our team's sportsmanship.
Ma olen uhke meie meeskonna sportlikkuse üle.
(Ma o-len uh-ke me-ie mees-kon-na sport-li-kku-se ü-le.)

881. We've faced tough competition this season.
Me oleme sellel hooajal kohanud tugevat konkurentsi.
(Me o-le-me sel-lel hoo-ajal ko-ha-nud tu-ge-vat kon-ku-rent-si.)

882. I'm determined to give it my all in the next game.
Ma olen kindel, et annan järgmises mängus endast kõik.
(Ma o-len kin-del, et an-nan jär-gmi-ses män-gus en-dast kõik.)

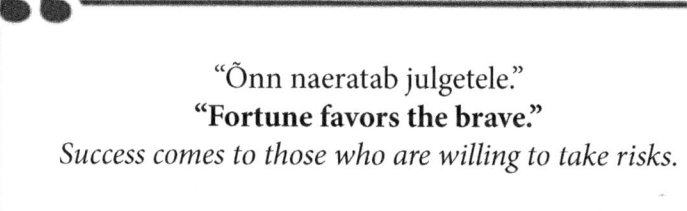

"Õnn naeratab julgetele."
"Fortune favors the brave."
Success comes to those who are willing to take risks.

Mini Lesson:
Basic Grammar Principles in Estonian #3

Introduction:

Welcome back to our journey through Estonian grammar. As we dive deeper into the nuances of this Finno-Ugric language, you'll gain further insights into its unique structures and how they convey meaning. This installment expands on previously covered topics and introduces new grammatical aspects essential for developing a comprehensive understanding of Estonian.

1. Imperatives:

Estonian verbs can express commands or requests through the imperative mood. The imperative is formed differently depending on the verb and the level of politeness or formality desired.

- *Söö! (Eat!)*
- *Palun istuge. (Please sit down.)*

2. Reflexive Verbs:

Reflexive actions in Estonian are indicated by the reflexive particle "enda" or by using reflexive pronouns, showing that the subject of the verb is also its object.

- *Ta pesi end. (He washed himself.)*

3. Conjunctions and Subordination:

Conjunctions link words, phrases, or clauses. Estonian uses conjunctions to create complex sentences, with subordinating conjunctions introducing dependent clauses.

- Ma tulen, kui sa helistad. (I will come if you call.)

4. Infinitive and Supine Forms:

The infinitive form of a verb is its basic form. In Estonian, verbs also have a supine form, used mainly after certain modal verbs and to express necessity.

- Ma tahan joosta. (I want to run.)
- On aeg magama minna. (It is time to go to sleep.)

5. Partitive Case:

One of Estonian's unique features is the partitive case, which expresses indefinite quantity or partialness and is often used with objects of transitive verbs, especially in the negative form.

- Ma joon vett. (I drink water [some water, not all].)

6. Evidentiality:

Evidentiality is not a tense but a grammatical mood that indicates the source of information. Estonian conveys this through verbs, suggesting whether the information is firsthand or reported.

- Ta olevat haige. (He is said to be sick.)

7. Negative Verbs:

Estonian forms negative sentences using the negative verb "ei" followed by the main verb in its stem form.

- *Ma ei taha seda. (I do not want this.)*

8. Clitics:

Clitics are words that attach to phrases with syntactic importance. In Estonian, enclitics can denote questions or emphasis.

- *Kas sa tuled ka? (Are you coming too?)*

Conclusion:

Understanding these advanced aspects of Estonian grammar will enhance your ability to express complex ideas and understand nuanced texts. Practice identifying and using these structures in your Estonian studies. Remember, language learning is a gradual process that rewards patience and perseverance. Edu! (Good luck!)

TRANSPORT & DIRECTIONS

- ASKING FOR AND GIVING DIRECTIONS -
- USING TRANSPORTATION-RELATED PHRASES -

Asking for and Giving Directions

883. Can you tell me how to get to the nearest subway station?
Kas saate mulle öelda, kuidas jõuda lähimasse metroojaama?
(Kas sa-a-te mu-lle öel-da, kui-das jõu-da lä-hi-masse me-troo-jaa-ma?)

884. Excuse me, where's the bus stop for Route 25?
Vabandage, kus on bussipeatus liinile 25?
(Va-ban-da-ge, kus on bus-si-pea-tus lii-ni-le 25?)

885. Could you give me directions to the city center?
Kas saaksite mulle juhiseid anda linna keskusesse?
(Kas saa-ksi-te mu-lle jui-seid an-da lin-na kes-ku-sse?)

886. I'm looking for a good place to eat around here. Any recommendations?
Otsin siin lähedal head söögikohta. On soovitusi?
(Ot-sin siin lä-he-dal head söö-gi-kohta. On soo-vi-tu-si?)

887. Which way is the nearest pharmacy?
Millises suunas on lähim apteek?
(Mil-li-ses suu-nas on lä-him ap-teek?)

888. How do I get to the airport from here?
Kuidas ma saan siit lennujaama minna?
(Kui-das ma saan siit len-nu-jaa-ma min-na?)

889. Can you point me to the nearest ATM?
Kas oskate näidata, kus on lähim pangaautomaat?
(Kas os-ka-te näi-da-ta, kus on lä-him pan-ga-au-to-maat?)

890. I'm lost. Can you help me find my way back to the hotel?
Ma olen eksinud. Kas saate mind aidata tagasi hotelli leida?
(Ma o-len ek-si-nud. Kas saa-te mind ai-da-ta ta-ga-si ho-tel-li lei-da?)

891. Where's the closest gas station?
Kus on lähim bensiinijaam?
(Kus on lä-him ben-sii-ni-jaam?)

892. Is there a map of the city available?
Kas linnakaarti on saadaval?
(Kas lin-na-kaar-ti on saa-da-val?)

893. How far is it to the train station from here?
Kui kaugel on siit rongijaam?
(Kui kau-gel on siit ron-gi-jaam?)

894. Which exit should I take to reach the shopping mall?
Millist väljapääsu peaksin kasutama, et jõuda kaubanduskeskuseni?
(Mil-list väl-ja-pää-su pee-ksin ka-su-ta-ma, et jõu-da kau-ban-dus-kes-ku-se-ni?)

895. Where can I find a taxi stand around here?
Kust ma võin leida siin lähedal taksoparkla?
(Kust ma võin lei-da siin lä-he-dal tak-so-park-la?)

896. Can you direct me to the main tourist attractions?
Kas saate juhatada mind peamiste turismiobjektide juurde?
(Kas sa-a-te ju-ha-ta-da mind pea-mis-te tu-ris-mi-ob-jek-ti-de juur-de?)

> **Fun Fact:** Estonia has one of the smallest gender gaps in the world.

897. I need to go to the hospital. Can you provide directions?
Ma pean minema haiglasse. Kas saate juhiseid anda?
(Ma pe-an mi-ne-ma hai-glas-se. Kas sa-a-te ju-hi-seid an-da?)

898. Is there a park nearby where I can go for a walk?
Kas lähedal on park, kus ma saaksin jalutada?
(Kas lä-he-dal on park, kus ma saak-sin ja-lu-ta-da?)

899. Which street should I take to reach the museum?
Millist tänavat peaksin võtma, et jõuda muuseumini?
(Mil-list tän-a-vat pee-ksin võt-ma, et jõu-da muu-seu-mi-ni?)

900. How do I get to the concert venue?
Kuidas ma saan kontserdipaika jõuda?
(Kui-das ma saan kon-tser-di-pai-ka jõu-da?)

901. Can you guide me to the nearest public restroom?
Kas saate näidata mulle lähimat avalikku tualetti?
(Kas sa-a-te näi-da-ta mul-le lä-hi-mat a-va-lik-ku tua-let-ti?)

902. Where's the best place to catch a cab in this area?
Kus on selles piirkonnas parim koht taksot püüda?
(Kus on sel-les pii-rkon-nas pa-rim koht tak-sot püü-da?)

Buying Tickets

903. I'd like to buy a one-way ticket to downtown, please.
Sooviksin osta üheotsapileti kesklinna, palun.
(Soo-vik-sin os-ta ü-he-ot-sa-pi-le-ti kesk-lin-na, pa-lun.)

904. How much is a round-trip ticket to the airport?
Kui palju maksab edasi-tagasi pilet lennujaama?
(Kui pal-ju mak-sab e-da-si-ta-ga-si pi-let len-nu-jaa-ma?)

905. Do you accept credit cards for ticket purchases?
Kas te võtate piletiostude eest krediitkaarte?
(Kas te võ-ta-te pi-le-ti-os-tu-de eest kre-diit-kaar-te?)

906. Can I get a student discount on this train ticket?
Kas ma saan selle rongipileti pealt tudengisoodustust?
(Kas ma saan sel-le ron-gi-pi-le-ti pealt tu-den-gi-soo-dus-tust?)

907. Is there a family pass available for the bus?
Kas bussi jaoks on saadaval perepass?
(Kas bus-si ja-oks on saa-da-val pe-re-pass?)

908. What's the fare for a child on the subway?
Mis on lapse piletihind metroos?
(Mis on lah-pe pee-le-tee-hind me-troos?)

909. Are there any senior citizen discounts for tram tickets?
Kas trammipiletitele on eakatele allahindlusi?
(Kas tram-mee-pee-le-tee-te-le on e-a-ka-te-le a-lah-hind-lu-si?)

910. Do I need to make a reservation for the express train?
Kas ma pean kiirrongile koha broneerima?
(Kas ma pe-an keer-rong-i-le ko-ha bro-nee-ri-ma?)

911. Can I upgrade to first class on this flight?
Kas ma saan sellel lennul esimesse klassi üle minna?
(Kas ma sa-an sel-lel len-nul e-sim-es-se klas-si ü-le min-na?)

912. Are there any extra fees for luggage on this bus?
Kas sellel bussil on pagasi eest lisatasusid?
(Kas sel-lel bus-sil on pa-ga-si eest li-sa-ta-su-sid?)

913. I'd like to book a sleeper car for the overnight train.
Sooviksin öörongile magamisvaguni broneerida.
(Soo-vik-sin öö-rong-i-le ma-ga-mis-va-gu-ni bro-nee-ri-da.)

914. What's the schedule for the next ferry to the island?
Mis on järgmise praami graafik saarele?
(Mis on järg-mi-se praa-mi graa-fik saa-re-le?)

915. Are there any available seats on the evening bus to the beach?
Kas õhtusel bussil randa on vabu kohti?
(Kas õh-tu-sel bus-sil ran-da on va-bu koh-ti?)

916. Can I pay for my metro ticket with a mobile app?
Kas ma saan metroopileti eest mobiilirakendusega maksta?
(Kas ma sa-an me-troo-pee-le-ti eest mo-bii-li-ra-ken-du-se-ga mak-sta?)

917. Is there a discount for purchasing tickets online?
Kas piletite online ostul on allahindlus?
(Kas pee-le-ti-te on-lai-n os-tul on a-lah-hind-lus?)

918. How much is the parking fee at the train station?
Kui palju maksab parkimine rongijaamas?
(Kui pal-ju mak-sab par-ki-mi-ne rong-i-jaa-mas?)

919. I'd like to reserve two seats for the next shuttle bus.
Sooviksin järgmisele shuttle-bussile kaks kohta broneerida.
(Soo-vik-sin järg-mi-se-le shut-tle-bus-si-le kaks koh-ta bro-nee-ri-da.)

920. Do I need to validate my ticket before boarding the tram?
Kas ma pean trammi peale minnes oma piletit valideerima?
(Kas ma pe-an tram-mi pea-le min-nes o-ma pee-le-tit va-li-dee-ri-ma?)

921. Can I buy a monthly pass for the subway?
Kas ma saan osta metroo jaoks kuupileti?
(Kas ma sa-an os-ta me-troo ja-oks kuu-pi-le-ti?)

922. Are there any group rates for the boat tour?
Kas paadituurile on olemas grupihinnad?
(Kas paa-di-tuu-ri-le on o-le-mas gru-pi-hin-nad?)

> **Travel Story:** During a night in Narva, looking across the river to Russia, a local muses, "Kaks maailma, üks jõgi" (Two worlds, one river), reflecting on the city's unique position at the crossroads of cultures.

Arranging Travel

923. I need to book a flight to Paris for next week.
Ma pean järgmiseks nädalaks broneerima lennu Pariisi.
(Ma pe-an jär-gmi-seks nä-dal-aks bro-nee-ri-ma len-nu Pa-rii-si.)

924. What's the earliest departure time for the high-speed train?
Mis on kiirrongi varaseim väljumisaeg?
(Mis on kiir-ron-gi va-ra-seim väl-ju-mi-saeg?)

925. Can I change my bus ticket to a later time?
Kas ma saan muuta oma bussipiletit hilisemaks ajaks?
(Kas ma sa-an muu-ta o-ma bus-si-pi-le-tit hi-li-se-maks a-jaks?)

926. I'd like to rent a car for a week.
Sooviksin nädalaks autot rentida.
(Soo-vik-sin nä-da-luks au-to ren-ti-da.)

927. Is there a direct flight to New York from here?
Kas siit on otselend New Yorki?
(Kas siit on ot-se-lend New Yor-ki?)

928. I need to cancel my reservation for the cruise.
Ma pean tühistama oma kruiisi broneeringu.
(Ma pe-an tü-his-ta-ma o-ma kru-ii-si bro-neer-in-gu.)

929. Can you help me find a reliable taxi service for airport transfers?
Kas saate aidata mul leida usaldusväärse taksofirma lennujaama transfeerideks?
(Kas saa-te ai-da-ta mul lei-da u-sal-dus-vää-rse tak-so-fir-ma len-nu-jaa-ma trans-fee-ri-deks?)

930. I'm interested in a guided tour of the city. How can I arrange that?
Ma olen huvitatud linna giidiga tuurist. Kuidas ma seda korraldada saan?
(Ma o-len hu-vi-ta-tud lin-na giid-i-ga tuu-rist. Kui-das ma se-da kor-ral-da saan?)

931. Do you have any information on overnight buses to the capital?
Kas teil on teavet ööbusside kohta pealinna?
(Kas teil on te-avet öö-bus-si-de koh-ta pea-lin-na?)

932. I'd like to purchase a travel insurance policy for my trip.
Sooviksin oma reisi jaoks reisikindlustuse poliisi osta.
(Soo-vik-sin o-ma rei-si ja-oks rei-si-kind-lus-tu-se po-lii-si os-ta.)

933. Can you recommend a good travel agency for vacation packages?
Kas oskate soovitada head reisibürood puhkusepakettide jaoks?
(Kas os-ka-te soo-vi-ta-da head rei-si-bü-rood puh-ku-se-pa-ket-ti-de ya-oks?)

934. I need a seat on the evening ferry to the island.
Mul on vaja kohta õhtusel parvlaeval saarele.
(Mul on va-ja ko-h-ta õh-tu-sel parv-lae-val saa-re-le.)

935. How can I check the departure times for international flights?
Kuidas saan kontrollida rahvusvaheliste lendude väljumisaegu?
(Kui-das saan kon-trol-li-da rah-vus-va-he-lis-te len-du-de väl-ju-mi-sae-gu?)

936. Is there a shuttle service from the hotel to the train station?
Kas hotellist rongijaama on olemas transfeerteenus?
(Kas ho-tel-list ron-gi-jaa-ma on o-le-mas trans-fee-ri-tee-nus?)

937. I'd like to charter a private boat for a day trip.
Sooviksin päevareisiks privaatpaati tellida.
(Soo-vik-sin päe-va-rei-siks pri-vaat-paa-ti tel-li-da.)

938. Can you assist me in booking a vacation rental apartment?
Kas saate aidata mul broneerida puhkuseks korteri?
(Kas saa-te ai-da-ta mul bro-nee-ri-da puh-ku-seks kor-te-ri?)

939. I need to arrange transportation for a group of 20 people.
Mul on vaja korraldada transporti 20 inimesele.
(Mul on va-ja kor-ral-da-da trans-por-ti ka-he-küm-ne-le i-ni-me-se-le.)

940. What's the best way to get from the airport to the city center?
Mis on parim viis lennujaamast linna keskusesse jõudmiseks?
(Mis on pa-rim viis len-nu-jaa-mast lin-na kes-ku-ses-se jõud-mi-seks?)

941. Can you help me find a pet-friendly accommodation option?
Kas saate aidata leida lemmikloomasõbraliku majutusvõimaluse?
(Kas saa-te ai-da-ta lei-da lem-mik-loo-ma-sõ-bra-li-ku ma-ju-tus-või-ma-lu-se?)

942. I'd like to plan a road trip itinerary for a scenic drive.
Sooviksin plaanida maalilise sõidu marsruuti.
(Soo-vik-sin plaan-i-da maa-li-li-se sõi-du mars-ruu-ti.)

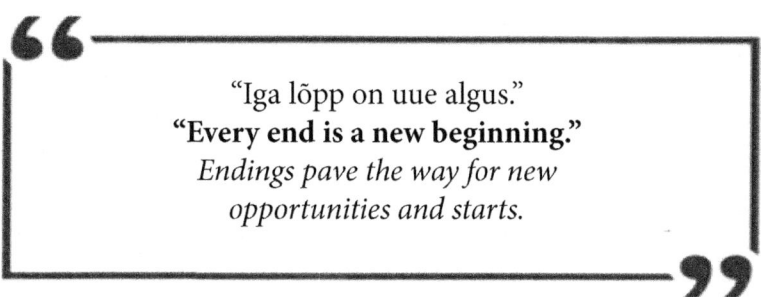

"Iga lõpp on uue algus."
"Every end is a new beginning."
Endings pave the way for new opportunities and starts.

Word Search Puzzle: Transport & Directions

CAR
AUTO
BUS
BUSS
AIRPORT
LENNUJAAM
SUBWAY
METROO
TAXI
TAKSO
STREET
TÄNAV
MAP
KAART
DIRECTION
SUUND
TRAFFIC
LIIKLUS
PARKING
PARKIMINE
PEDESTRIAN
JALAKÄIJA
HIGHWAY
MAANTEE
BRIDGE
SILD
TICKET
PILET

```
L K B J X P A K N X O M X F Q
S U U N D D A O J J E B T A G
Y X U F O T I M N Q W F R J K
X T U M I T D G Y R U S A I M
C C O C C Y M E T R O O A Ä S
Q I K E A B K J I L O K K K D
H E R W N M E N I M I K R A P
T I B B X A I B D B K X W L Z
D U B L A A I E R S N E T A N
S U F O M J F R R I E P Q J M
S Y N J H U N O T J D T T S M
T E L I P N A D F S S G D O Y
R R D F C N U T P T E H E U H
N O R M W E T T R X N D A D A
V A N Ä T L O E O B V O E L Q
M A A N T E E R W V W Z E P P
E O Z B V T U U W Q T I M A E
H W Z R M J I L G N R E V T M
Y E D V X T L B A Q X T S A D
E G U B H T R Z T Q Z W V K K
J C Y Q O L P O N R W X P S S
E F A C R N E O P Y A A O O D
D Z W R L Y M N A R R F W L F
L T Y F O L N W U K I Q F S W
I U A W B Y H J I Q H A A I Q
I B Z X S G K N B L X F P R C
K M F V I X G V R Y C E A I S
L C J H L G Z Z N G Y K X C A
U R T A D W D U B N W F C I S
S I K O S S U B H I S Z O V W
```

Correct Answers:

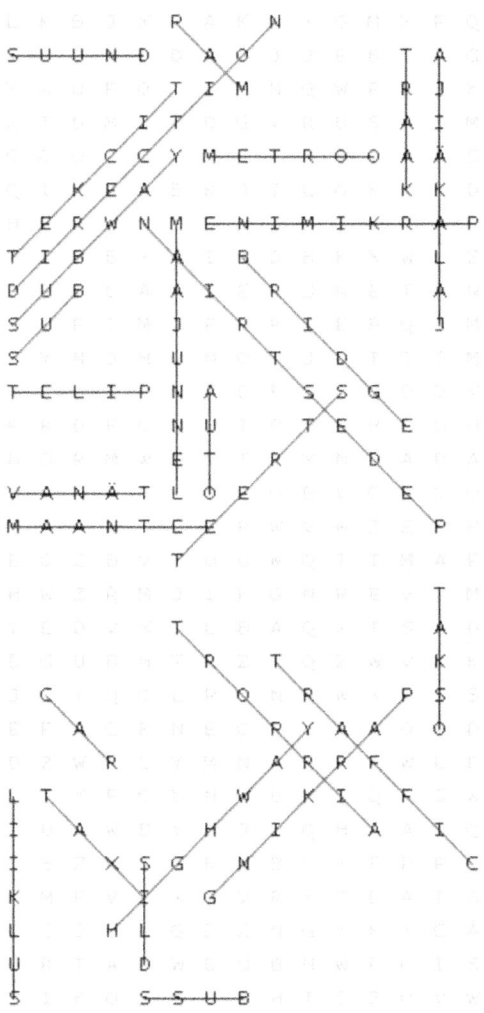

SPECIAL OCCASIONS

- EXPRESSING WELL WISHES AND CONGRATULATIONS -
- CELEBRATIONS AND CULTURAL EVENTS -
- GIVING AND RECEIVING GIFTS -

Expressing Well Wishes & Congratulations

943. Congratulations on your graduation!
Palju õnne lõpetamise puhul!
(Pal-yu ön-ne lö-pe-ta-mi-se pu-hul!)

944. Best wishes for a long and happy marriage.
Parimad soovid pikaks ja õnnelikuks abieluks.
(Pa-ri-mad soo-vid pik-aks ja ön-ne-li-kuks a-bie-luks.)

945. Happy anniversary to a wonderful couple.
Õnnelikku aastapäeva imelisele paarile.
(Ön-ne-lik-ku aas-ta-päe-va i-me-li-se-le paa-ri-le.)

946. Wishing you a speedy recovery.
Soovin sulle kiiret paranemist.
(Soo-vin sul-le kii-ret pa-ra-ne-mist.)

947. Congratulations on your new job!
Palju õnne uue töökoha puhul!
(Pal-yu ön-ne uue töö-ko-ha pu-hul!)

> **Cultural Insight:** Considered a staple, Estonian black rye bread is dense, flavorful, and accompanies most meals.

948. May your retirement be filled with joy and relaxation.
Soovin, et sinu pensionipõlv oleks rõõmu ja lõõgastust täis.
(Soo-vin, et si-nu pen-sio-ni-põlv o-leks rõõ-mu ja lõõ-gas-tust täis.)

949. Best wishes on your engagement.
Parimad soovid kihlumise puhul.
(Pa-ri-mad soo-vid kih-lu-mi-se pu-hul.)

950. Happy birthday! Have an amazing day.
Palju õnne sünnipäevaks! Veetke imeline päev.
(Pal-yu ön-ne sün-ni-päe-vaks! Vee-tke i-me-li-ne päev.)

> **Cultural Insight:** Many Estonian surnames are derived from nature, reflecting the people's deep connection to their environment.

951. Wishing you success in your new venture.
Soovin edu sinu uues ettevõtmises.
(Soo-vin e-du si-nu uues et-te-võt-mi-ses.)

952. Congratulations on your promotion!
Palju õnne ametikõrgenduse puhul!
(Pal-yu ön-ne a-me-ti-kõr-gen-du-se pu-hul!)

953. Good luck on your exam—you've got this!
Edu eksamil—sa saad sellega hakkama!
(E-du eks-a-mil—sa saad sel-le-ga hak-ka-ma!)

954. Best wishes for a safe journey.
Parimad soovid turvaliseks reisiks.
(Pa-ri-mad soo-vid tur-va-li-seks rei-siks.)

955. Happy retirement! Enjoy your newfound freedom.
Õnnelikku pensionile jäämist! Naudi oma uut vabadust.
(Ön-ne-lik-ku pen-sio-ni-le jää-mist! Nau-di o-ma uut va-ba-dust.)

956. Congratulations on your new home.
Palju õnne uue kodu puhul.
(Pal-yu ön-ne uu-e ko-du pu-hul.)

957. Wishing you a lifetime of love and happiness.
Soovin teile armastust ja õnne kogu eluks.
(Soo-vin tei-le ar-mas-tust ja ön-ne ko-gu e-luks.)

958. Best wishes on your upcoming wedding.
Parimad soovid tulevaseks pulmaks.
(Pa-ri-mad soo-vid tu-le-va-seks pul-maks.)

959. Congratulations on the arrival of your baby.
Õnnitlused teie beebi saabumise puhul.
(Ön-ni-tlu-sed tei-e bee-bi saa-bu-mi-se pu-hul.)

960. Sending you warmest thoughts and prayers.
Saadan teile oma soojimad mõtted ja palved.
(Saa-dan tei-le o-ma soo-ji-mad mõt-ted ja pal-ved.)

961. Happy holidays and a joyful New Year!
Rõõmsaid pühi ja õnnelikku uut aastat!
(Rõõm-said pü-hi ja ön-ne-lik-ku uut aas-tat!)

962. Wishing you a wonderful and prosperous future.
Soovin teile imelist ja edukat tulevikku.
(Soo-vin tei-le i-me-list ja e-du-kat tu-le-vik-ku.)

Idiomatic Expression: "Jäämäe tipp."
Meaning: "Just the tip of the iceberg."
(Literal translation: "The tip of the iceberg.")

Celebrations & Cultural Events

963. I'm excited to attend the festival this weekend.
 Ootan põnevusega selle nädalavahetuse festivali.
 (Oo-tan põ-ne-vu-se-ga sel-le nä-da-la-va-he-tu-se fes-ti-va-li.)

964. Let's celebrate this special occasion together.
 Tähistame seda erilist sündmust koos.
 (Täh-is-ta-me se-da e-ri-list sünd-must koos.)

> **Fun Fact:** Estonia's coastline stretches over 3,800 kilometers.

965. The cultural parade was a vibrant and colorful experience.
 Kultuuriparaad oli elav ja värvikas kogemus.
 (Kul-tuu-ri-pa-raad o-li e-lav ja vä-rvi-kas ko-ge-mus.)

966. I look forward to the annual family reunion.
 Ootan igal aastal toimuvat pere kokkutulekut.
 (Oo-tan i-gal aas-tal toi-mu-vat pe-re kok-ku-tu-le-kut.)

967. The fireworks display at the carnival was spectacular.
 Karnevali ilutulestik oli muljetavaldav.
 (Kar-ne-va-li i-lu-tu-le-stik o-li mul-je-ta-val-dav.)

968. It's always a blast at the neighborhood block party.
 Naabruskonna kvartalipeol on alati lõbus.
 (Naab-ru-skonna kvar-ta-li-peo-l on a-la-ti lõ-bus.)

969. Attending the local cultural fair is a tradition.
Kohalikku kultuurilaata külastamine on traditsioon.
(Koh-a-lik-ku kul-tuu-ri-laa-ta kül-las-ta-mi-ne on tra-dit-sioon.)

970. I'm thrilled to be part of the community celebration.
Olen vaimustuses, et saan osaleda kogukonna tähistamises.
(O-len vai-mus-tu-ses, et sa-an o-sa-le-da ko-gu-kon-na tä-his-ta-mi-ses.)

971. The music and dancing at the wedding were fantastic.
Pulmas olnud muusika ja tantsimine olid fantastilised.
(Pul-mas ol-nud muu-si-ka ja tan-tsi-mi-ne o-lid fan-tas-ti-li-sed.)

972. Let's join the festivities at the holiday parade.
Liitugem pühadeparadi pidustustega.
(Lii-tu-gem pü-ha-de-pa-ra-di pi-dus-tus-te-ga.)

973. The cultural exchange event was enlightening.
Kultuurivahetuse üritus oli valgustav.
(Kul-tuu-ri-va-he-tu-se ü-ri-tus o-li val-gus-tav.)

974. The food at the international festival was delicious.
Rahvusvahelisel festivalil olnud toit oli maitsev.
(Rah-vus-va-he-li-sel fes-ti-va-lil ol-nud toit o-li mai-tsev.)

> **Idiomatic Expression:** "Mida rohkem, seda uhkem."
> Meaning: "The more the merrier."
> (Literal translation: "The more, the prouder.")

975. I had a great time at the costume party.
Mul oli kostüümipeol väga tore.
(Mul o-li kos-tüü-mi-peo-l vä-ga to-re.)

976. Let's toast to a memorable evening!
Tõstame klaasi meeldejääva õhtu auks!
(Tõs-ta-me klaa-si meel-de-jää-va õh-tu auks!)

977. The concert was a musical extravaganza.
Kontsert oli muusikaline ekstravagants.
(Kon-tsert o-li muu-si-ka-li-ne eks-tra-va-gants.)

978. I'm looking forward to the art exhibition.
Ootan kunstinäitust suure huviga.
(Oo-tan kuns-ti-näi-tust suu-re hui-vi-ga.)

979. The theater performance was outstanding.
Teatrietendus oli väljapaistev.
(Te-a-tri-e-ten-dus o-li väl-ja-pais-tev.)

980. We should participate in the charity fundraiser.
Peaksime osalema heategevuslikus korjanduses.
(Pea-ksi-me o-sa-le-ma hea-te-ge-vus-li-kus kor-jan-du-ses.)

981. The sports tournament was thrilling to watch.
Sporditurniiri vaatamine oli põnev.
(Spor-di-tur-nii-ri vaa-ta-mi-ne o-li põ-nev.)

982. Let's embrace the local customs and traditions.
Võtame omaks kohalikud kombed ja traditsioonid.
(Võ-ta-me o-maks ko-ha-li-kud kom-bed ja tra-dit-sioo-nid.)

Giving and Receiving Gifts

983. I hope you like this gift I got for you.
Loodan, et sulle meeldib see kingitus, mille sulle ostsin.
(Loo-dan, et sul-le meel-dib see kin-gi-tus, mi-lle sul-le ost-sin.)

984. Thank you for the thoughtful present!
Aitäh läbimõeldud kingituse eest!
(Ai-täh lä-bi-mõel-dud kin-gi-tu-se eest!)

985. It's a token of my appreciation.
See on minu tänu märk.
(See on mi-nu tän-u märk.)

986. Here's a little something to brighten your day.
Siin on midagi väikest, et sinu päeva rõõmsamaks teha.
(Siin on mi-da-gi väi-kest, et si-nu päe-va rõõm-sa-maks te-ha.)

987. I brought you a souvenir from my trip.
Tõin sulle suveniiri oma reisilt.
(Tõ-in sul-le su-ve-nii-ri o-ma rei-silt.)

988. This gift is for you on your special day.
See kingitus on sulle sinu erilisel päeval.
(See kin-gi-tus on sul-le si-nu e-ri-li-sel päe-val.)

989. I got this with you in mind.
Ostsin selle mõeldes sinule.
(Ost-sin sel-le mõel-des si-nu-le.)

990. You shouldn't have, but I love it!
Sa poleks pidanud, aga mulle väga meeldib!
(Sa po-leks pi-da-nud, a-ga mul-le vä-ga meel-dib!)

991. It's a small gesture of my gratitude.
See on väike žest minu tänulikkusest.
(See on väi-ke žest mi-nu tän-ulik-kusest.)

992. I wanted to give you a little surprise.
Tahtsin sulle väikese üllatuse teha.
(Taht-sin sul-le väi-ke-se ül-la-tu-se te-ha.)

993. I hope this gift brings you joy.
Loodan, et see kingitus toob sulle rõõmu.
(Loo-dan, et see kin-gi-tus toob sul-le rõõ-mu.)

994. It's a symbol of our friendship.
See on meie sõpruse sümbol.
(See on me-ie sõp-ru-se süm-bol.)

995. This is just a token of my love.
See on lihtsalt minu armastuse märk.
(See on liht-salt mi-nu ar-mas-tu-se märk.)

996. I knew you'd appreciate this.
Ma teadsin, et sa hindad seda.
(Ma tead-sin, et sa hin-dad se-da.)

997. I wanted to spoil you a bit.
Tahtsin sind natuke hellitada.
(Taht-sin sind na-tu-ke hel-li-ta-da.)

998. This gift is for your hard work.
See kingitus on sinu raske töö eest.
(See kin-gi-tus on si-nu ras-ke töö eest.)

999. I hope you find this useful.
Loodan, et leiad selle kasulikuks.
(Loo-dan, et lei-ad sel-le ka-su-li-kuks.)

1000. It's a sign of my affection.
See on minu kiindumuse märk.
(See on mi-nu kiin-du-mu-se märk.)

1001. I brought you a little memento.
Tõin sulle väikese mälestuseseme.
(Tõ-in sul-le väi-ke-se mä-les-tu-se-se-me.)

> "Aeg maha, maailm mahub."
> **"Take time off, the world will fit."**
> *Encourages taking a break to see the broader perspective in life.*

Interactive Challenge: Special Occasions
(Link each English word with their corresponding meaning in Estonian)

1) Celebration	Tseremoonia

2) Gift	Pidulik

3) Party	Pidustus

4) Anniversary	Lõpetamine

5) Congratulations	Õnnitlused

6) Wedding	Pulm

7) Birthday	Üllatus

8) Graduation	Kingitus

9) Holiday	Traditsioon

10) Ceremony	Sünnipäev

11) Tradition	Aastapäev

12) Festive	Tervitus

13) Greeting	Pidu

14) Toast	Puhkus

15) Surprise	Toost

Correct Answers:

1. Celebration - Pidustus
2. Gift - Kingitus
3. Party - Pidu
4. Anniversary - Aastapäev
5. Congratulations - Õnnitlused
6. Wedding - Pulm
7. Birthday - Sünnipäev
8. Graduation - Lõpetamine
9. Holiday - Puhkus
10. Ceremony - Tseremoonia
11. Tradition - Traditsioon
12. Festive - Pidulik
13. Greeting - Tervitus
14. Toast - Toost
15. Surprise - Üllatus

CONCLUSION

Congratulations on completing "The Ultimate Estonian Phrase Book." As you set out to immerse yourself in the rich tapestry of Estonia, from the medieval charm of Tallinn's Old Town to the serene beauty of the country's vast forests and coastlines, your effort to embrace the Estonian language is commendable.

This phrasebook has served as your steadfast companion, furnishing you with vital phrases and expressions to enrich your communication skills seamlessly. You've progressed from simple greetings like "Tere" and "Tere päevast" to more complex sentences, arming yourself for varied interactions, enriching experiences, and a deeper connection with Estonia's unique culture.

Embarking on the journey to linguistic proficiency is a rewarding pursuit. Your dedication has established a solid groundwork for achieving fluency in Estonian. Remember, mastering a language is more than acquiring a means to converse; it is an avenue to truly grasp the soul and ethos of a people.

If this phrasebook has contributed to your language learning journey, I would be thrilled to learn about your experiences! Connect with me on Instagram: **@adriangruszka**. Share your stories, ask for advice, or just drop a "Tere!" I'd love it if you mentioned this book on social media and tagged me – it would be wonderful to celebrate your strides in learning Estonian.

For further resources, deep dives, and updates, please visit **www.adriangee.com**. There you'll discover an abundance of information, including suggested courses and a community of like-minded language learners ready to support your continued quest for knowledge.

Diving into a new language opens up a universe of new connections and viewpoints. Your eagerness to learn and adapt is your most potent asset in this linguistic journey. Embrace every chance to learn, interact, and enhance your comprehension of Estonian customs and ways of life.

Edu kõigile! (Best of luck!) Keep practicing with dedication, honing your abilities, and most importantly, enjoying every moment of your Estonian language adventure.

Suur tänu! (Thank you very much!) for selecting this phrasebook. May your future explorations be enriched with meaningful exchanges and achievements as you delve deeper into the captivating world of languages!

- Adrian Gee

Printed in Great Britain
by Amazon